"创造性介入"三部曲之三

Creative Involvement:
The Transition of China's Diplomacy

创造性介入

中国外交的转型

王逸舟 著

北京大学出版社
PEKING UNIVERSITY PRESS

图书在版编目(CIP)数据

创造性介入：中国外交的转型/王逸舟著. —北京：北京大学出版社,2015.11

ISBN 978-7-301-26525-3

Ⅰ.①创… Ⅱ.①王… Ⅲ.①外交—研究—中国 Ⅳ.①D82

中国版本图书馆CIP数据核字(2015)第267630号

书　　　　名	创造性介入：中国外交的转型 Chuangzaoxing Jieru: Zhongguo Waijiao de Zhuanxing
著作责任者	王逸舟　著
责任编辑	张盈盈　耿协峰
标准书号	ISBN 978-7-301-26525-3
出版发行	北京大学出版社
地　　　　址	北京市海淀区成府路205号　100871
网　　　　址	http://www.pup.cn　新浪微博：@北京大学出版社
电子信箱	ss@pup.pku.edu.cn
电　　　　话	邮购部 62752015　发行部 62750672　编辑部 62753121
印　刷　者	三河市北燕印装有限公司
经　销　者	新华书店
	650毫米×980毫米　16开本　14.75印张　119千字 2015年11月第1版　2018年1月第2次印刷
定　　　　价	40.00元

未经许可，不得以任何方式复制或抄袭本书之部分或全部内容。
版权所有，侵权必究
举报电话：010-62752024　电子信箱：fd@pup.pku.edu.cn
图书如有印装质量问题，请与出版部联系，电话：010-62756790

目 录

自 序 / 001

绪论 变迁中的世界政治 / 019

上编 外交转型的政治前提 / 061

一、邓小平的历史性贡献 / 063
二、习近平推动的升级版 / 073
三、中国社会转型的实质 / 084
四、中国外交的社会基础 / 099

下编 外交转型的主要问题 / 113

一、外交为民的方位 / 116
二、外交规划的要点 / 135
三、外交学习的目标 / 167
四、外交投入的分析 / 189

后 记 / 229

自 序

自序

本书探讨的中国外交转型主题,与"创造性介入"的中国外交新态势,有内在的逻辑联系。

站在21世纪初的角度观察,不仅世界在变化、中国在变化,而且在这些变化里,有着过去任何时期未曾具备的一个特点。那就是,不管自我意识如何,也无论愿意与否,中国正在成为全球舞台上的主角之一;中国与外部世界的关系,正在从过去很长一段时期那种单纯跟进和被动适应的状态,朝着大力参与、主动发声、积极引导的方向改变。考虑到中国的体量规模、发展速度、历史积淀、文化品格、政治特性和社会现状,上述新的态势在带动当代国际关系和全球格局重大改观的同时,也必然推动包括外交转型在内的中国自身的深刻变化。

古代中国虽然有着丰富的交往实践和思想,如春秋战国时代的"百家"学说和秦汉之后的"天下"思想,但它从地域上不是全球性的,现实层面也不是主权体系的对等物,文化整合的难度亦无法与今日的种族、民族、身份、认同上的多样性相提并论。占统治地位的哲学和古代文化符号下的想象是，我们的"中央王国"是上位，其他地区是"蛮夷"、是进贡者。1840年之后的中国近现代史，更无法产生有世界普遍意义的外交学说与实践；受制于强权的屈辱遭遇和落后的现代化水平，使中国充其量能够创造带动广大亚非拉民族解放的革命思想与实践（以孙中山和毛泽东为杰出代表），而不可能提供解决世界一般问题和全人类进步的思考维度与解决方案。与前一图景不同，近代以来很长时间里，潜在的共识是，中国处在"下位"，要么被压迫受凌辱，要么被迫适应。最近四分之一世纪中国改革开放以来的伟大进程，使得这个古老民族焕发活力，贡献出了一种较有说服力和广泛意义的"成长路径"（或者说"发展模式"）。然而，邓小平时代的政治家和思想者，囿于中国自身特有的优势与短板，把更多精力用于埋头苦干和解决广大人口的温饱问题，同样无暇也不可能深究并提供当代全球治理的一般价值和公共产品。北京奥运以来的这些年，中国的全球地位和影响，不知不觉发生了从量变到质变的改观：单从器物层面衡量，中国俨然已是世界第二大经济体和第二大军费开支国，中国的海外利益迅速而显著地扩展至地球的各个角落，中国正在成为国际关系的新主角——例如，我们左右全球气候和生态谈判的能力、影响全球贸易与金融革新的手段、改善全球贫困与难民问题的效果、供应联合国会费及出兵维和行动的意愿，均陆续达到或接近全球大国的层级。不管愿意与否，中国巨人正以越来越大的步伐接近国际舞台上的主角位置。

但是，也要清醒地认识到，中国仍是一个不完备的全球角色，在内部社会经济政治方面存在诸多发展瓶颈，在对外关系和全球政治上与老牌强国有不小差距。将强未强、爬坡往上的中国，也可能出现突发性危机，形成不进反退的局面。中国新的国际身份与战略定位，是现在的领导人、外交家和学术界必须认真探讨的大问题。中国不可能回归历史上的朝贡体系，如前所说，那不是一个平等国家交往的系统，缺乏主权国家的当代意义与普世价值；中国领导层若采纳此类建言，势必遭遇周边和国际上的广泛抵制。反过来讲，逐步强大起来的中国，肯定也不会重复晚清和民国时期那种忍气吞声、割让主权的"弱者弱势"外交谋略；不仅新一代中国精英断然没有服软的道理，快速成长时期日益高涨的民族情绪更是要求决策层更加强硬果敢。今天的中国，亦无法照搬孙中山的"联俄联共"、联合其他弱势民族抗御强权的对外方略，或是毛泽东的"一边倒""一片红"的世界革命理论；不管是国际环境，还是国内条件，都不适合中国把自身束缚在第三世界盟主的位置上,更别说去充当国际战争与革命的策源地。至于邓小平的"韬光养晦"方针,它未来的延续性需要作两分论:一方面由于其谦虚低调和合作互利的取向,必然在未来一段时期继续为现行体制与领导层采用;另一方面它又不完全符合中国实力壮大、利益扩展的现状,因而将得到修补和改造。怎样当主角,什么时候、哪些场合担当,是壮大起来、受到广泛关注的中国面临的一个难题。改革开放之初,邓小平明确承认,中国在现代化进程中处于落后位置,必须改革开放,且有明确的对象与指标;现在看上去如此强盛、成就被公认的中国,承认不足、承认学习的必要,对很多人来说可能不太容易。

新时期中国外交的取向,在我看来,首先要基于继续发展壮大自身的内在要求,努力营造有利于中国发展战略机遇期的周边与国际环境,避免大的涉华对抗与外部动荡;其次是着眼于不断增多的海外利益,扩大国际合作深度和自我保护能力,争取塑造、完善各种外部规则;这中间,需要在国内需求与国际利益之间、全球收益与国际责任之间,建立起看似简单实则复杂的动态均衡。特别要指出的是,同为世界大国,中国同美国、俄罗斯这样的老牌国家很不一样。中国既不应学美国人那

图1 习近平夫妇欢迎出席亚太经合组织（APEC）第22次领导人非正式会议的各成员经济体领导人（2014年11月）

来源：人民网（http://henan.people.com.cn/n/2014/1119/c356906-22952877.html）

种以强凌弱、动辄干涉他国内政、强行推进自身立场的"坏脾气"，也没有必要仿效普京那样老想另起炉灶、与多数国家和现行国际体系格格不入的风格。改革开放以来中国得以壮大和民生大幅改善的事实证明，我们是现有国际体系的受益者、维护者、建设者、负责任者，没有理由从根本上废弃和颠覆它，那样不符合中国的长远利益，也不利于团结更多的国家和国际组织。当然，中国与美国及周边一些国家的摩擦也表明，现行国际体系仍有不少严重缺陷，某些"既得利益者"没有做好接纳中国崛起的准备。正因如此，中国需要发出更有力的国际声音，需要建立更合理的国际规则，需要提供更均衡的公共产品，包括必要时解决问题的各种手段。本质上讲，中国不是造反派，而是改革派。我们期待的国际改造过程，是长期的、渐进的、多半协商式的，需要的是实力、智慧加耐心。历史将证明，这种取向不仅保持了自身壮大进程的可持续性，也保证了中国与国际体系的积极互动、磨合进步。所谓"创造性介入"，正是基于上述基本考虑。

我多次强调，中国是新的国际关系的主要动能和变量之一，中国的前景更多取决于中国自己的选择与国内发展状态。改革开放之前的中国，不仅处于现今国际体系的边缘，而且选择了"造反者"的基本方针和态度。尽管中国也先后加入了联合国和一些重大国际组织，但总体而言缺乏积极合作的热情和参与决策的策略。一个例证是，除了在20世纪50年代初的亚非会议上与印度等国倡导"和平共处五项原则"、70年代初期在联合国呼吁改造旧的国际政治经济秩序之外，中国人很少主动设计和提出自己的国际制度议案或其他重大国际倡议。改革开放之后，中国与国际制度之间的互动变得更加活跃，内涵也更加具有互利共赢的建设性。如世人见证的那样，中国人参加了越来越多的国际组织，把参与的过程与本国的建设和发展事业挂钩，国际化进程本身在中国日益成为衡量各级政府和社会公众自我提升的重要标尺。总体而言，到20世纪末期，中国在世界范围内成为推进经济全球化和扩大国际制度影响的重要动力之一；看看中国与世界贸易组织的关系，分析上海合作组织（SCO）或亚太经合组织（APEC）等区域性国际机制的扩展，就不难察觉上述态势。进入新世纪以来，特别是从最近四五年算起的一段时间，中国的发展益发引人注目，综合国力等硬实力大幅提升，外交与国际战略方面也更加得心应手。奥运会的成功举办和世博会的顺利召开等，象征着中国与国际体系的关系达到一个新的阶段，即：中国被公认为世界范围内新兴国家快速崛起和力量体现的主要代表；各种国际机制和规范的作用发挥越来越离不开中国的参与和贡献；中国不仅早已撕掉"东亚病夫"的标签，而且彻底摆脱了国际制度缺席者或可有可无的角色，甚至被广泛认定为从"主要受援国"的位置转向"重大资助方"或"决策者"的方位。客观地分析，虽然多数中国人并未承认这种所谓"全球定价人""主要责任方"或"供货商"的新定位，外部世界特别是主要国际制度决策圈内对此却有相当广泛的共识与议事安排。可以列举的典型事例有，逐步机制化的二十国集团峰会

("G20")、全球气候公约制订过程（所谓"哥本哈根/后哥本哈根进程"）、全球贸易谈判进程（所谓"后多哈回合"）、全球核裁军和防扩散进程——在所有这些关乎世界各国和全人类的重大国际制度的修改与推进中间，中国的地位与角色得到前所未有的重视，不管是有诚意的邀请还是居心不良的压力。今天，可以说，下述判断名副其实、毫不夸张：缺少占全球人口五分之一的中国人的参与，缺乏世界第二大经济体的赞同，没有这个新兴大国的政治意愿和安全保证，相关的国际制度和规范便失去了意义，其最终决议与安排的合法性和公信力都会大打折扣。从未来一段中长期预测，在不发生主要大国全面对抗的前提下，只要中国国内的改革、发展、稳定保持可持续性，将没有任何外部力量或突发事件能阻挡上述趋势；在世界政治经济、社会文化、环境保护、军事安全等各个领域，中国将成为各种主要国际组织实现变革、发挥更好作用的主要动因之一。

在看到中国崛起、推动国际进步的美好愿景的同时，我们必须指出中国发展的不确定性和中国现有模式的不足。"生于忧患、死于安乐"，先贤的这句遗训继续适用于取得巨大进展、同时存在严重问题的今日中国。没有深刻的认知与反省，不会有恰当改进的方向与动力。从全球发展角度测量,国际时政流行的"中国模式"的各种说法,不是像国内某些媒体所说的那样在热情赞美中国,而更多的是描述一种可畏不可敬、更不令外国公众向往的低层次发展及笨拙"体态",它主要指庞大中国经济的快速粗放扩张,尤其对各种化石能源和自然资源的全球占有率、低技术含量的大宗商品的全球市场份额、碳排放总量的急剧上升和对全球生态的消极影响,多半是对精致严格、创意奇妙、高水准和前沿性等"好词"的反向解释。的确,离开中国古代哲人和工匠留下的令人赞叹的各种遗产,离开中国当代经济不断扩大的规模和令人咋舌的发展速度(里面又有相当部分是以中国人民长时间辛勤劳作、低收入和简单消费为代价获得的),我们在国际事务中能拿出来的、比较像样的品牌数量真的很少,由中国人在全球重大方向上直接推出和建制的东西确实无多——试列举全球政治外交上的大量倡议,全球军事国防领域的无数"撒手锏",全球科技方面层出不穷的尖端产品,全球文学艺术创造中的一批批领军人和新潮流,全球性组织和国际法范围的近期各种新规制,全球性学术和思想领域的各种新术语、新学派、新方法,尤其是那些预示人类未来前景、让年轻一代更加喜爱和乐意追求、建造更均衡与稳定的国际社会的重大制度性创新中，有多大比例来自当代中国人的贡献，又有多少可以贴上"中国力量"或"中国模式"的标签？几乎可以肯定的是，实现对这种远不是中国人民喜爱和期待，更不是伟大中华民族应当具有的粗放低端结构的彻底转型，是一个十分艰巨而漫长的过程，目前还远不是自满停步的时候。

从外交和国际政治角度讲，尽管按中国官方的尺度（实际情况确也有根据），中国国内进步早已今非昔比，中国公众的开放意识和进步需求在不断提升，但为何外界总是把中国与某些封闭、落后、一成不变的共产党执政的国家等量齐观？为何一些第三世界国家不断地把我们的国际战略与"资源争夺型"甚至"资源掠夺型"的西方传统列强对照？为何国际社会有相当多的朋友总觉得中国与那些麻烦国家、失败政权或不讨民众喜欢的"独裁者"走得太近？为何一些国际组织和机构老在批评中国在提供发展援助和安全援助方面"小气"、显得与国力不符？

对此，我们需要认真想一想，仔细梳理归纳一番，看看这些误解有多少是由于一些敌对势力刻意捏造和歪曲造成的，有多少是因为官方外宣苍白乏力所致，有多少是实际政策和决策思路的不当引发的，有多少是缘于国人的国际意识薄弱，哪些属于毫无道理的指责，哪些算是误解与偏见，哪些是值得反思和改进的。这些错综复杂、充满变数的事情（及问题），都不是情绪化的反应、简单化的方式所能解决。今天的中国人，既不可陶醉于新近萌生的"盛世情结"和沙文主义的梦呓里，也不应囿于旧时狭隘的"弱国悲情"和"受害者心态"的禁锢中，而应仔细审视和定位新阶段上的战略取向，朝着新兴大国、进取大国、风范大国、责任大国的方向迈进。现存国际秩序中仍存在诸多结构性缺陷，少数国家的霸权主义、强权政治仍对中国的崛起构成一定威胁，我们的海上通道安全、能源安全、粮食安全和主权安全等领域仍存在这样那样的风险；对此中国不能不有所防范、有所准备，既要发展军事和国防方面的硬力量，也要建立建设性斡旋、创造性介入国际热点和利害冲突的安排（与机制）。另一方面，"打铁先要自身硬"。若要改造世界，先要改造自身。适应时代要求和进步标准的国内转型改制，是中国在国际事务中发挥更大作用的前提。须牢记：当我们反复强调"发展中国家"的属性时，并非对外宣传上的托词，或是为推卸国际责任寻找借口，而是坦承中国目前发展所处的较低水平，包括器物层面的相对粗放、体制层面的相对落后和观念层面的相对自闭，是为着防止虚骄之气阻碍高水平的内部革新和外交审慎；不管外界怎么解读"发展中"的宣示，中国媒体和公众要有清醒、准确的自我估计。保持忧患意识、谦虚态度和奋发图强精神，再有几代人的艰苦跋涉，中华民族重回世界伟大民族之林、为人类进步再做重大贡献的图景才可清晰显现。顺便说一下，以往多数国际政治的教材或研究类著作聚焦在国际政治的阴暗面，讲了太多的冲突与算计；我想做些不太一样的工作，把分析重心放在那些容易被忽略的积极因素与线索上。我们国家若要成为真正意义上的世界风范大国，不光要有强大的硬实力，还需要宽广的全球视野，有面向未来、从善如流的勇气和精神追求。

图 2　新一代领导集体亮相十八大（2012 年 11 月）
来源：人民网（http://cpc.people.com.cn/NMediaFile/2012/1115/MAIN201211151208108702563185237.jpg）

中共十八大以来的这两年，各项事业的重大进展及一些信号的发出，展示了新一届中央领导人的政治决心和远大抱负，得到了人民的拥护和赞许。政治上的反腐倡廉，经济领域的户籍改革、土地制度改革和消除垄断等尝试，都属于艰苦卓绝的攻关。转型升级的口号与行动正在国内各个方向延伸。内政有如此可喜的迹象，外交同样出现了新的气象。实施"一带一路"的周边大战略，发展"命运共同体"及中国式义利观的新思路，建立丝路基金和亚洲基础设施投资银行等重大倡议，建设中美"新型大国关系"的通盘设计，中国在亚信峰会和APEC峰会上制订并提出的新观念、新路线图，中国在联合国和多边场合的更加活跃与努力，显示出与内政同步的奋发有为、强势变革取向。

作为中国外交的研究者，我很欣喜地见到中国外交的新取向，同时也在思考：介于中国内部变革和外交活跃之间，我们的外交转型会是怎样的方式？如何做才能更好地适合内外需求？这方面的所谓"顶层设计"应当包括哪些内容？在新的全球场景内，适应新的环境与要求，中国外交会发生什么样的转型？外交转型与"创造性介入"的对外取向有何关系？在我看来，做好这一工作，首先需要研究一般性的规律或趋势，既包括发生在国际范围的重大变化和事件，它们构成中国外交实现

"创造性介入"的约束条件；也包括国际范围各国外交转型的一般规律与经验教训，把它们作为中国外交变革与转型的借鉴对象。第二，需要探讨中国的独有进程，即当下改革开放的新趋势、新举措、新难题；不难理解，这些正是推进外交转型的社会基础和政治前提。最后，需要进入操作层面，观察有关外交转型的具体难题，分析外交的政治地位、外交投入及其增长机制、外交官的筛选与培养机制等方面。后者属于体制机制包括规章制度性的专业问题，过去探讨得很少。须明白，外交的活力释放，中国外交在全球的更大影响，与内部的体制机制变革、与中国政治社会的整体进步，是有内在联系、成正比关系的。放开眼界就会发现，中国外交的这一变化，有全球性、历史性的意义。观察全球外交进步的方向，不论在什么地方，无论程度如何，社会因素（包括国际国内两个层面）对外交转型有基础性的引导和推动作用。绝对主权思想与实践正在式微，国家逐渐"变小"、社会逐渐"变大"，全球性相互依存已成潮流。最终历史将证明，人、公民、社会代表着本体、上位、主导和根本，而国家、权力、军事、外交等上层建筑的形塑与推进，须朝着服务于前者的方向。国际关系不是重复循环的，而是演化进步的，这一趋势是人类社会结构由简单到复杂、由野蛮争斗到文明开化发展的映照,顺之者昌,逆之者亡。这是几百年甚至更长的历史进程,外交转型属于其中的片断。

我的中心论点是:中国外交的创造性介入,需要国内合适的氛围与条件,那就是与全球进步时代相适应、相一致的深刻社会转型,需要外交体制机制自身的反省与改进。也因此,本书将要探讨的主要问题是:在变革的大背景下,中国外交的社会基础如何?外交工作怎样适应新的要求?外交转型要朝着什么方向?

图3 "一带一路"倡议示意图

来源:新华网(http://news.xinhuanet.com/fortune/2015-02/10/c_127479100.htm)

绪 论
变迁中的世界政治

21 世纪前叶的世界政治,呈现出一种扑朔迷离、复杂多变的局面,然而不管看上去多么混乱无序,它里面依然包含着一些规律性的东西,呈现出预示未来的某些重大线索。

总体而言,当下和今后一段时期的世界政治,有如下几个显著的特点与趋势:第一,政治一元时代符号的式微。继冷战时代的两极格局终结之后,美国的单极世界霸权也在缓慢而持续地衰落。与20世纪90年代一种普遍的预想不同,长达近半个世纪的美苏间冷战的结束,绝不只是"一种主义挑战另一种主义之历史的终结"(福山的说法),它同样揭示出一个更加长远而意义重大的历史进程的到来,即依靠政治一元论和绝对真理形态(体制和观念)统治人类物质和精神生活的时代,逐渐被一种更加复杂精细、层化多维的新取向——我们今天甚至还来不及对它加以定义——所挑战、冲击、解构和取代。人们模糊感受到的,仅仅是权力流散与多样化、决策分权和透明化压力、更多力量中心和挑战者的出现、公民个体自由权的增加及媒体摆脱控制的努力等日常现象。第二，国际社会的快速成长。现在得到广泛讨论的政治力量多极化和经济相互依存的大趋势，不光在器物层面创造出令人眼花缭乱的新技术、新产品、新行业和新服务，它们也促进越来越多的公司企业、跨国性组织、知识分子和公众传媒参与全球事务，让这些新的行为体加入到塑造国际规范和行动方式的行列中来。对全球政治光谱进行分析，不难发现一个意义重大的形态转移，即"国家在变小""社会在变大"。上述趋势很大程度上也来自全球性问题的助推，即：威胁各国和人类整体的国际危机不断加深，如气候变化、生态危机、恐怖主义、区域热点等，但解决这些危机和威胁的政府间合作却远不如人意，尤其是某些重要国家的互疑和战略枢纽地区的争端持续不断。对政府和国家机构的失望，也令非国家的行为体及其选择方案变得更有吸引力。国际社会的崛起，越来越成为一个不争的事实。第三，全球外交转型与进步。国际强权及其精神意志的衰减过程，国家间的百舸竞发局面，也激发了各国外交及国际社会的交往方式的创新升级。被打上"外交民主化"标签的新进程，其实远不止传统民主理论所指的"权力制衡"这一项内容；它首先是对传统大国权力垄断的一种再平衡，是更多新兴大国的生成、话语权争夺及更多中小国家的活跃与联手。其次,在现代传媒和信息手段面前,各国内部旧时相对封闭的和少数人暗箱操作的外交决策方式面临更多困难;在我看来,外交好似一个不断被剥开、层层展示的竹笋。此外,民意、公众情绪、民族主义之类的东西,成为有权势者无法忽略的社会存在,公共外交不仅时髦而且必需,成为新外交不可或缺的部分。无论在哪里,不管什么形态,"小外交"都在向"大外交"转变,哪怕始终存在"核心圈"与各种轨道、层级、外围的区分。最后,各种国际法和国际组织的规章制度,成为各国外交决策的风向标和参照系之一;国际机制像一张铺展伸向世界各个地域角落、各个功能领域的大网,而且越来越密、越来越有力。

然而,人类的进步绝非一帆风顺,国际关系仍然充满争斗乱象。新时期的世界政治,尤其包含了更大的不确定性,表现为变革期的痛苦与错乱、新旧力量交替过程的无序与所谓"真空态"。例如,现代化进程在全球不同国家的推进,既带来GDP的提升和人均福利的改进,也形成新的社会精英、利益集团和流动过程,把原先相对简单的结构打碎或分化,创造出更多的机会与分裂。人口的国际性流动、难民问题的大量扩散、国际性的产业分工与转移,加上文化宗教和历史背景方面的差异,同时带来了技术、体制和观念的学习互鉴机会，增加了种族矛盾或"文明间冲突"的危险。工业产能前所未有的效能、现代技术的各种变异与突破、互联网和各种新媒体的大量涌现，不光贡献了积极的、便利的东西，同时也带来气候的异常、生态的沙漠化和其他退化、电脑技术病毒的扩散、金融体系的巨大风险、网络恐怖主义的蔓延，后面这些消极后果是过去的体制与战略无法应对的，让国家组成的现代国际体系疲于应对、漏洞百出。特别要指出的是，面对新的挑战与难题，国家的管理方式与交往的规则并没有很好地适应，旧的丛林法则与零和博弈方式仍大行其道，妨碍解决问题所需的合作推进，使得很多麻烦变得难以收拾。不夸张地说，转型期的国际社会，面对的既是现代化进程技术性的、器物层面的困难，又是西方发达世界的乏力，是传统国际权力结构的危机，是旧思维（包括线性思维和冷战思维）的危机。另外，当人们在谈论人权、平等和参与机会方面的进展时，在观察各国民主化进步的各种指标时，也不能无视一个事实，即西方现代民主模式仍然具有强烈的扩张性和强加倾向，带来了复杂的后果和持续的不确定性；它们在落后的第三世界造成大量政治水土不服现象的同时，迫使非西方的新兴大国加入解决各种难题的行列。就中国人而言，虽无法简单判断其后果的好坏优劣，却能清晰感受承担更大国际责任和提供更多公共产品的压力。不管喜欢与否，在当代国际关系的转型期，中国这样的新兴国家正在走向全球政治的高地。

下面，从不同侧面对当代国际社会的动向作些说明：

1."碎片化"的进程

现今的国际关系和全球政治，表现为一种不断裂变、碎片化的进程；它不止预示着更多的冲突与矛盾，也在不知不觉中孕育着新的特质、更多行为体和进步的因素。

联合国诞生至今的70年历史，从一个侧面提示了世界政治地图的改变趋势：这个全球性国际组织，在建立之初只有51个主权国家成员；到中国在20世纪70年代初恢复在联合国的合法席位时，它不过百十个会员；苏联解体、东欧剧变的20世纪90年代初期，联合国的会员数目在150个左右；如今，联合国的正式成员与正在申请加入它的主权国家总数达近200个。联合国成员数这种加速度、跳跃式的增长，不过是当代全球化进程催生下国际体系"层化"的表现，是由主权国家组成的世界格局在世纪之交受到民族关系"元素化"冲击的一种结果。

图 4　南苏丹共和国正式成为联合国第 193 个会员国（2011 年 7 月）
来源：联合国网站（http://www.un.org/chinese/News/story.asp? newsID=15924）

众所周知，近代民族国家体系自诞生以来，先后出现了几次民族独立和解放运动的高潮。第一次是 19 世纪中叶前后，在资本主义逐渐兴盛的欧洲，曾长期受教廷摆布和少数大国强权支配的一批欧洲国家脱颖而出，建立了自己的民族国家（如德国）；第二次同样发生在欧洲，这次是在传统的边缘区域——巴尔干和东南欧，随着第一次世界大战的硝烟散尽而产生了一批中小独立国家；第三次是在第二次世界大战结束之后的五六十年代，一大批亚非拉国家在殖民主义、帝国主义废墟上宣布独立；20 世纪 90 年代冷战格局终结，导致又一批非主体民族（尤其在中东欧地区），建立了主权国家——最近的这次进程尚未结束，裂变的潜流还在涌动（如前南地区的科索沃，俄罗斯联邦内部的车臣、印古什等北高加索地带）；典型的事例是乌克兰的转向与原苏联集团内部的更大争斗。造成这种不断裂变、国家数目增多的深层次原因,不仅是某些国家旧时的压制性政策造成离心倾向和西方集团的大力助推,更在于全球范围民族问题风向标的变化。20世纪相当长的一段时间里,多元民族组成的联邦政体是受到大力推崇的,多民族国家被认为具有更大的发展优势和潜力(美利坚民族的"熔炉"示范效应便是典型)。

上述曾经被广泛接受的认知,包括大量主权国家的政治实践,在20世纪中后期开始受到质疑,在苏联解体后更直接受到抨击和挑战。反其道而行之的,是民族关系及实践中的某些原教旨主义滋生、坐大和泛滥,这些原教旨主义形形色色,但共同点之一是强调本民族、部族,甚至教派、血缘、语言、文化传统的纯洁性和高尚性,并且在对比中贬损、降格其他的民族、部族、教派、血缘、语言和文化传统。这类比较褊狭、极端的民族主义思潮,在行动纲领层面表现为反对联邦政体或任何多元一体式的政治安排,质疑多民族国家体制的优点,力主在更加单一(它们所谓"纯洁")的民族、部族、教派、血缘、语言、文化传统基础上,建立更加独立或自治的政治体制和管理方式。不用说,很多国家政府在综合治理上的失败,包括压制性的、不公平的内部民族方针,是这种思潮和政治纲领的催化剂;而当今世界各种民族与各个国家的不重合，则是孕育民族国家裂变种子的"天然土壤"。

我们现有的国际体系里，只有不到200个主权国家的正式席位，而它们名义上代表和容纳的各种大小民族、部族，数量超过上千个。例如，单是曾经的苏联内部就有120多个大相径庭的民族，南斯拉夫联邦内部也有近30个源头各异的民族，非洲第一人口大国的尼日利亚内部有着数百个历史传统不一、相互关系复杂的部族。全世界近200个国家中，1/3是单一民族构成的国家（如波兰、日本、韩国、以色列等），绝大多数国家是多民族组成的政治国家。在世界政治的基本结构、重大潮流和基本符号有利于多民族国家的体系安排时，如20世纪90年代之前，民族分离主义和各种极端主义诉求长期处于不活跃状态；一旦国际氛围扭转，譬如说大的霸权体系分崩离析，那些弱小的或受压制的民族（部族）及其政治代理人就开始争取自主和独立的身份。世人目前见证的，是一个对多元民族国家体系及思想基石带来重大挑战的时期，一个可能持续很长时间的地缘政治过程。

"碎片化"的国际进程，让国家的控制力不断削弱，给新的国际行为体更大空间。伴随国家权威性和掌控能力的下降，形形色色的多元主义、民粹主义、新社会运动、反国家的教派纷纷崛起。如果说，过去的国家在争取民族独立和解放、打碎帝国主义锁链和建立世界秩序的潮流中一直扮演主角，那么，现在的主角和配角经常是互换的或模糊的，新的目标和实现手段逐渐分解到不同的行为体及其行动那里。相对简单的国际旧秩序趋于瓦解，而新的国际结构形态复杂多变。这种"新常态"，是国际社会壮大的一个前提。

2. 国际规范的网络

今日全球政治的另一特点是，各种国际法、规则和公约组成的国际制度，如大网一般密集而有力地覆盖至全球各个角落及领域，让所有国家受到国际制度的更多引导和约束。

自第二次世界大战结束之初联合国诞生以来，国际制度一改过去几百年间那种可有可无、若隐若现的状态，其存在变得比较明显，其功能变得更加有效。尤其是冷战结束、两极对抗消失之后的近几十年，传统的冷战思维和集团对抗方式受到广泛批评，而有助于代表多数国家和地区意愿的各种国际制度和规范逐渐活跃起来。例如，在国际贸易领域，人们见证了世界贸易组织的诞生及日益明显的作用，尤其是后多哈回合进程中国家间经贸诉讼判决的冲击力；在国际军控领域，有《全面禁止核试验公约》的出台，有国际原子能机构之不可忽视的调查取证、谘商建言角色；在气候变化与环境保护领域，先有《京都议定书》，后有"哥本哈根进程"，再有巴黎气候大会和《联合国气候变化框架公约》；在海洋国际关系领域，世人见证了被称作"海洋大宪章"的《联合国海洋法公约》的生效，看到它对新一轮"蓝色圈地运动"的激发或制衡；在国际政治和人权领域，产生了联合国《公民权利和政治权利国际公约》，潜移默化地约束着世界多数国家的立法和司法进程；在解决各种地区热点和局部冲突的集体安全领域，联合国安理会越来越像是主要世界大国不敢轻视的协商伙伴和决策角色。

未来的十几年乃至几十年间，这一趋势将持续加强，更加细密、更加有力地渗透到世界各个角落和国际关系的各个方面。比如，在国际和各国食品安全领域，联合国食品法典委员会越来越多地介入，提出了有关食品安全的指导性意见（被广泛称作全球食品安全"新指南"）；在打击跨国有组织犯罪的问题上，联合国"毒品与犯罪办公室"已经开始定期发表报告，协助或施压各国政府的相关工作；位于荷兰海牙的国际法院，已经而且可能更多地对于主权国家政府的领导人开展调查和提出指控，假使后者被认为实施严重的犯罪行为的话；在国际水域，类似《防止海洋油污公约》《防止船舶污染国际公约及议定书》的国际法，对于规范全球船舶业的环保态度和措施，正在发挥日益增大的约束力；在各国政府使用地雷的议事日程上，已经生效的《禁止地雷公约》（即《渥太华禁雷公约》），势必形成对目前尚未签约的少数国家的强大压力，令后者不得不朝着减少地雷使用的方向运作。虽然少数大国一直力图干扰或操纵国际制度，包括中小国家在内的各种国际利益集团的博弈也从未中止，各种国际制度和组织内部的惰性继续制约其效能，然而总体上判断，国际制度的网络化进程不可阻挡，覆盖面将不断加大（比如从传统的高阶政治扩展至低阶政治），履约强度将逐步提高，对主权国家的权力、各国民众的生活和新时期的国际交往产生持续影响。

3. "多元协调共治"

21世纪初期的国际关系，正在由过去的多极冷战式共存，朝着新的多元协调共治的方向，缓慢却有力地实现过渡转换。

它首先是基于西方的乏力这样一个重大现实，其次受到新兴的非西方力量不断崛起的推动。国际力量发展不平衡的局面，在资本主义列强统治世界的几百年间一直存在，主要表现为主要西方国家之间争夺市场和资源、控制资本流动和收益、掠夺殖民地和落后国家的彼此实力的消长与斗争。然而，在新的时期和背景下，"新老竞争"和权势转换的命题，具备了更加积极的内涵。非西方世界的一批大国（典型的如"金砖五国"），凭借自身综合国力的稳步提升，力图向国际政治舞台的中心逼近，逐步改变传统西方国家长期主宰各种重大国际制度的局面。这是一个全球力量和思想再平衡的进程，是少数国家主宰而多数民族沉默受抑之时代的校正。在此意义上，新兴国家崛起的历史作用怎么讲都不为过。

但应当清醒地认识到，传统西方霸权国家（欧美日等国居于核心位置）并不会坐视主导权的旁落，而将会千方百计维持旧的格局并打压竞争者。器物和数量层面的大小及竞赛，与制度层面的强弱优劣并不能等同。新兴的非西方大国目前充其量只是在诸如制造业产能、GDP总量、公路和高铁里程这样一些领域有超越和领先势头，但在生活质量、价值观的吸引力、生态与人权保护、国际话语权和公共产品供应等方面，仍处在相当落后的位置。这里还没有提新兴国家之间的战略猜忌和利害冲突，没有细究这些发展中大国自身存在的制度弊端和社会政治危机。考虑到新兴国家崛起过程的诸多不确定因素，新旧不同势力此消彼长的摩擦会不断加剧，取代过程肯定漫长曲折。中期观察,不能排除一些新兴大国中途受挫、停滞不前的可能,也不排除传统西方强国重振强势、引领下一轮世界潮流的情景。

从主要领域观察,在全球层次上,将会缓慢出现"多极多元、协调共治"的局面。它包括了中国人常说的"中美新型大国关系"或"一超多强的新力量格局",有着比它们更加复杂的样式。比如,从新旧交替方式看,一种可能是形成各种新的区域性力量中心,这些同时包含西方强国和新兴大国的力量中心,在某些地区强国(中东欧的波兰、西亚的土耳其、南部非洲的南非、中南美洲的巴西和墨西哥)的强力引导下,将依托本区域的经贸一体化和文化向心力,建立和发展一批区域性国际标准和制度框架(如欧盟法律框架、东盟安全共同体、西非国家货币同盟、拉美能源合作机制等),对原先国际制度规范形成挑战或加以修正;另一种方式,是在全球范围调整原有国际制度的结构,重新分配投票权、资金存留比例、领导人国别来源或其他决策份额,经过长期而艰难的斗争较量,包括各种结盟与分化的手段,逐步使各种全球性国际组织和规范适应新的力量格局。在政治和安全领域,联合国机制的变化,特别是安理会结构的改革,以及安理会所决定的集体解决国际冲突与维持和平的方式,将成为未来十年不同力量和声音较量的一大平台。在经贸和环境领域,以8国集团和20国集团为主要象征的传统西方大国和新老国家并存的两类国际机制,包括受到它们左右的国际货币基金组织、世界银行和世界贸易组织等国际机制,将以互补、合作和竞争、超越的双重博弈,通过复杂的磨合进程,在长期的此消彼长中,共同制约全球的可持续发展进程。在文化与社会领域,以《联合国宪章》和"人权公约"、经社理事会与教科文组织为主要体现的国际文明制度及其规范,在被各国越来越多地利用来解释本国的政治制度、文化战略、外交方针合法性的同时,自身也将不断地得到各种充实、修正和完善,成为更加显著的全球性伦理价值与国际法来源,或有形或无形地制约着世界范围新生态政治和重大社会思潮的起落。

图5　2014年G20峰会领导人合影(2014年11月)

来源:环球网(http://world.huanqiu.com/photo/2014-11/2752528_7.html)

4. 军事权重的递减

当代世界政治里，只有长时段才可观测到的一个趋势是：在国际制度的生成演进中，乃至整个国际体系的变迁过程中，经贸、外交、法律各种制度与约定方式的作用逐渐增强，军事制度在保持强势地位的同时，其权重和优先性逐渐下降。

刚刚过去的20世纪是主要国际制度诞生和发生作用的世纪。它的特点之一是，由于两次世界大战和若干重大局部战争的严重后果，战争与和平问题始终是各国决策者和民众关注的首要事项，与此相应的国家中，军事关系保持了在国际制度创造过程中的强大而首要的位置。在几百年国际体系的变迁中，在国家间关系的处理上，在重大争端的解决方面，军方一直是决策圈子的核心成员，军费开支始终占据国家预算的最重要部分，国防和对外军事干预的开支从来是大国（尤其是老牌西方大国及俄罗斯）优先安排的内容，直到二战结束之前在很多国家的对外事务里，尚武都是主导性的社会风气；可以说，军事手段与外交手段或商务手段或其他对外交往工具相比具有明显的支配性。一战后建立的国联和二战后诞生的联合国，作为全球最大最重要的国际组织和法律制度，目标旨在防止类似两次世界大战的悲剧再度发生；联合国系统中的多数国际制度与规章，如国际原子能机构、安全理事会、人权委员会和难民署以及维持和平行动（PKO），占有了大多数国际资源并排在各国政府议事日程的最前面，成了国际社会关注和国际组织活动的绝对重心。从各方面因素综合分析，今天和未来一段时间，在上述逻辑继续有效的同时，有不少新的线索出现和新的要素介入，令国际制度的生成与变迁过程呈现多元、非线性的特点，也令传统的军事、外交、商务等交往手段的重要性顺序及使用频率发生复杂而重要的改变，出现日益增多的变化与改观。

图6 联合国秘书长潘基文与埃及外交部长就调停巴以冲突进行会谈（2012年11月）

来源：《中国日报》(http://www.chinadaily.com.cn/hqzx/2012-11/21/content_15946485_2.htm)

首先，外交民主化浪潮正在席卷世界各个地区，政府不得不适应社会公众更大知情权的要求并做出一定改变，NGO在国际组织和各种论坛上的发言权得到增强，信息的迅速传播和新媒介的层出不穷削弱了国家权力的某些垄断。因此，可以说，新的社会运动和思潮加入到国际制度制订和修改的有力参与者之中。典型事例如NGO在国际禁雷运动和对中小武器的管制加强过程中的角色。其次，经济全球化和地区经贸一体化的势头日益强劲，世界各国经济贸易和生活方式的联系日益紧密（包括生产过程/消费偏好/融资流动之相似性的增强），从积极意义讲，无形中加大了各国之间尤其是主要国家之间发动战争、以武力解决问题的代价，外溢出政治对话、军事缓和、军备控制的效果。联合国秘书长在解决地区热点事务中调解作用的增强、安理会决议的特定威慑力和道义影响力的提升、各个地区联盟的安全对话与协调的密集化，一定程度上反映出世界经济政治化、世界政治经济化的更大互动。再次，由于各种因素的综合作用，第二次世界大战结束以来，尤其是冷战终结之后，国际制度乃至总体国际关系的一个进步趋势是，各种武力霸权、政治威权、外交强权虽然没有消失，某些时候甚至强势显现，但它们受到的有形无形的约束在增多，战争使用的禁忌在增多，约束来自更多方向，相对过去而言其权重和便利程度均有所下降。这方面，美国给出了最好的教训：这个超级大国在军事上依然是超群的，它干涉世界各地事务的愿望和能力依然强烈而有力，但美国在军事战场之外的失败到处可见，支撑美军战斗力的财政资源受到更多约束，来自联合国和其他大国的制衡越来越明显，最近半世纪里几乎每隔一二十年美国介入全球大型冲突的能力就要降低一个层次（从宣称"同时在两个半战场作战"，到"同时在两个战场作战"，直至近年所说的"同时在一个半战场作战"）。"软实力"得到更多重视与使用，军事手段只有在外交竭尽所能之后才予以考虑。

军事优先性受到更多约束的预测，可能引起一些质疑，特别是考虑到现今军备竞争依然无休止、某些地区（如东亚和中东）依然存在的军事对峙局面。这里并非否定军事的重要性，以及它在未来很长时期仍将占据的国际事务决策过程的巨大权重。我只是说，从全球社会与国际关系几个世纪的演化看，军事的主导权呈现缓慢下降的趋势，炮舰政策受到多方约束，军费开支总量尽管上升，但它们在各国GDP中的比重保持了相对下降的态势；从另一方向观察，国际法的重要性正在获得更大重视（如遵约程度的提高、国际法的相对增强和覆盖面的扩大），"社会与国家"关系中前者的声音相对逐步提高，公民个体的权利和整体的社会力在国际和平与发展

（包括制度演进）的作用在上升。

哲学家康德曾经论证过人类向善及国际进步的必然性。在他看来，人作为特殊种类的进化，是一部复杂的历史大书，一个从动物性的低级阶段开始、逐渐引导到人类的较高阶段的进程，其间充满了混乱、野蛮、争斗、蹂躏和反思、克制、摸索、改进；表面上的无目的性、偶然性和频发的灾难汇聚到一起，迫使人类探索保全自我、不被毁灭的各种路径；国家就像微小的物质尘埃一样，通过它们相互之间的偶然碰撞来尝试着各种各样的形态，这些形态又由于新的碰撞而重新解体，直到有一天，最终偶然地形成了一个能够保持住自己的形态。"野蛮人的无目的状态所造成的结果是：这种状态抑制了我们人类的全部自然禀赋，但是，最终又通过这种状态给我们人类所带来的灾难，迫使我们人类超越这种状态，进入公民制度。在公民制度中，所有那些自然禀赋的胚芽都将得到发展。已经形成了的国家的野蛮自由也造成了同样的结果。由于把共同体的全部力量都运用在相互之间的扩充军备之上，由于战争所造成的蹂躏，更多的是由于随时准备扩充

图7　伊曼纽尔·康德

军备、进行战争的必然性,虽然完全地发展自然禀赋的进程受到了阻碍,但是,由此产生的灾难却迫使我们的类,为许多国家之间的、产生自这些国家的自由的、本身有益的对抗寻求一种平衡的法律,建立起一种联合起来的、强调平衡的力量,建立起一种国家公共安全的世界公民状态。"①

5. 国际社会的壮大

上面的分析,引出了另一个结论:不断增多的国际行为体,虽然不能撼动民族国家和由各国政府组成的国际组织的主导地位,却加快了国际结构的分化与再造,使其呈现分层化和自组织化的动向。

例如,在世界经济和贸易领域,各种各样的跨国公司正在改变全球经济版图,甚至有意无形中支配、"绑架"一些政府的外交和军事政策;它们中有的庞大无比、富可敌国,有的控制能源阀门或核心技术,有的改变着各国年轻一代的品位偏好,有的塑造着多个国家的产业集群。在世界社会和生态领域,相当多的非政府、非营利的组织和团体,加入到以联合国为中心的各种重大论

---

① 康德:《世界公民观点之下的普遍历史观念》,载李秋零编译:《康德书信百封》,上海人民出版社1992年版,第264—265页。

坛，在政府间峰会外召开各种"会边会"，不仅以"打擂台"的方式冲击传统的国际议事日程，更试图用行动证明它们的目标并非虚言；哥本哈根联合国气候大会业已表明，国际NGO的崛起已是任何国家和正式国际组织不可轻视的挑战。在世界军事和安全领域，尽管各国政府尤其是大国政府仍然垄断着尖端技术和主要军备力量，但显而易见，它们不得不面对越来越多的非政府的挑战者和竞争者——国际恐怖主义势力和跨国犯罪势力试图掌握更多的财政资金和攻击手段，改变某些国家和地区的政治生态与安全庇护；一些反核、反大坝、反地雷的国际NGO正在全力推进它们的目标；一些国家的公民社会运动与和平主义抗议力量，对所在国家政府预算的军事部分提出有力质疑和各种约束。在全球宗教和文化领域，形形色色的各种原教旨主义和反原教旨主义力量相互激烈争夺，血缘、民族、部落、教派、"文明"的各种认同都在抢占自己的地盘，这些争斗中有相当部分跨越了主权国家国界和政府控制范围，构成未来一段时期国际格局下各国政府不得不顺势而谋的强大潜流。

如果说传统国际体系的行为体其数量有限、行为模式可预期的话，人们现在再也无法对于新的国际体系中的行为体作同样的判断：它们此消彼长的速度太快，它们的互动方式太难预测，它们对国际格局的冲击也变得更加诡异和难于应对。进入新纪元的国际体系，越来越像一个三维的立体结构：它不光有显著粗大的国际政治、外交、军事、安全的传统架构（第一层面，也叫"高阶政治"），还有日益强劲有力的国际经济、贸易、能源、资源、金融和物流的新型架构（第二层面，通常被称作"低阶政治"），更有不断崛起、更加活跃的国际社会、文化、宗教、媒体、出版、艺术、教育的新型架构（第三层面，不妨称之为"新社会力量"）。"分层化""碎片化"和自组织化，多半发生在第三层面上。"国际社会"不再是一个抽象空洞的概念，而是任何国家（包括最强大的国家）必须应对的给定环境。

作为一个历史进程，国际社会的崛起给世人提出了许多值得深思的问题，也向传统的国际政治结构发出了前所未有的挑战。它至少提出这样一些问题：国际社会到底用什么样的机制发挥作用？它的演进规律如何？国际社会的物质基础有哪些？它的文化载体是什么？共同价值观又如何？在实践中观察，首先，不同于以往的形态，现在的国际政治提出了复合性的、全方位的治理需求，它要求传统的主权国家及其政府更加重视国际社会的存在与声音。其次，国际社会的壮大，导致大量非正式的、非国家的多边安排与规范，加入到全球治理的议事日程。与此相关，私人行为、公民的自组织活动、形形色色非政府团体的作用机制、全球市场与技术的某些标准，或有形或无形渗透至国际政治、安全和外交的领地，主权国家的特权受到各种冲击。再次，原本只是国内政治和社会意义上的人权改进、民主化过程和公民权利问题，在信息化条件下和跨国进程的带动下，越来越多地成为国际性议题和国际政治的博弈内容，"内政与外交不可分割"的命题更多充实了社会性内涵。国家仍然处于国际权力中心，但权重逐渐下降，特权逐步减少，国家变成诸多行为体之一（哪怕是最显著的存在和最大的声音）。

事实上，国际关系的民主化，不光来自于多极力量对少数大国垄断格局的再平衡，而是源于国际社会的生长、层化与再造进程；前述战争方式作用的降低、军事优先性的下降，以及国际和平与发展势头的难以阻挡，同样主要不光来自技术或器物层面因素的驱使，而是始于国际社会风向的压力和公民团体的压力。借用建构主义的术语来说，这是当代国际关系的"社会化转向"。

6. 民主化的伸展

由此可见新时代世界政治进展的一个内涵，即：全球范围各个大洲的民主化进程广泛推开，尽管曲折复杂、表现不一，但进程持续、难以阻挡，民主的话语与实践成为各国政治合法性的重要标志。

我们先观察一下国家层面的事实。先是20世纪80年代之后拉美的民主化进程。1982年马尔维纳斯群岛战争之后，阿根廷国内政治经济困难引发社会抗议，最终迫使军政府还政于民。这一事态拉开了拉美民主化的大幕，军政权逐一退出，民主化潮流席卷整个南美大陆。到新世纪初，拉美国家全部实现通过选举推选国家领导人的制度。再有苏联解体和东欧剧变带来的政治变革。在南欧与东欧的民主化进程中，美国和欧盟起着重要的推动作用。为了自身经济利益，也由于受苏联的政治约束过久，东南欧国家在政治自由化、民主化、选举方式和政府运作机制诸领域迅速向西欧转向。非洲的情况有所不同。20世纪90年代，民主化浪潮伸展至非洲，许多国家开始实行民主化的尝试，但这一进程相当脆弱艰难，结果很像是一种不完备的选举政治与落后的非洲政治模式的混合体。政治动荡、社会分化、经济停滞和部族持续争斗，加上表面上的程序民主和非盟的约束，让人难以判别进步与否及程度大小。在非洲相当多数的地方，在外国的干预下被强制植入了民主的制度与构架，却出现了严重的水土不服症状。中东地区自2011年发生剧变和出现政治转型以来，民主化步履艰难，一些国家实现政权更迭后开启了民主转型过程，实现多党选举、三权分立和大众参政，但实践上多半陷于政治动荡和经济恶化的不利局面，迄今为止很难预测"阿拉伯之春"的未来。东亚是20世纪后期全球民主化取得重大进展的一个正面却复杂的样本。对比三四十年前这一区域基本上是一个政治上高度集权、民众与社会缺乏最基本的宪政权利的地区，现在绝大多数国家不仅在经济上得以快速改善和充满活力，中产阶级大量增加，城市面貌日新月异，而且政治参与多样且富有成效，哪怕方式大相径庭，现代选举程序不同程度地得到落实，民意得到更多表达与重视。

图8 "阿拉伯之春"中的埃及示威者（2011年11月）

来源：搜狐网（http://news.sohu.com/20111126/n326970825.shtml）

究竟什么是现代民主？民主化进程是否有固定的路径或模式？从国内外的情况看，虽然不存在简单的定义和共识，但大的方向和基本线索还是能观察到的。按我个人的归纳，参照现代政治制度的各种经验教训以及理论学说的各种探索，给出的一个结论是，现代政治的成长尤其是"民主化"进程，主要看五方面相关联的制度化建设：一是能否对绝对的政治权力实施有效约束和制衡；二是能否对政府决策过程尤其是重大事项建立有章可循、可预期的纠错机制；三是能否使国家政治的议程较好反映社会公众的意愿和要求；四是能否建立广泛的政治参与方式和沟通渠道，让政治体制具有充分的吸纳能力；五是能否让上述制衡的制度在建立的过程中切合自身国情，发掘继承好的政治传统。

根据这几项指标衡量，就可以发现，不仅全球多数地区内部在最近的二三十年出现静悄悄的民主化转型，而且国际关系和外交领域乃至全球政治层面也有类似的变化。例如，最强大国家和国家集团如美国和西方发达国家阵营，曾经长期垄断国际经济、金融和贸易规则的制定与决策过程，导致少数国家大量获益的同时，多数国家和民众的利益受到损害；而随着新兴经济体的崛起和国际经贸格局的改变，上述不良态势不仅遭到抨击而且逐渐朝着正确的方向得以修正，8国集团与20国集团的此消彼长就是一例。又如，在难民救助、弱势人群保护等全球安全与冲突问题的解决上，最近二十多年，联合国系统及多数国家对"卢旺达悲剧"的反思与改进提议，导致从"保护的责任"到"负责任的保护"等事后追责与惩戒行动逐渐推广，使得即便是最不发达地区最野蛮的政权也不得不有所忌惮和收敛，更多国家政府开始认真对待国际人权和政治权利公约所要求的履约责任。再如，对近些年联合国多轮气候大会的追踪，不难看到，有越来越多的国际非政府组织、小岛国和易受气候变化损害的国家代表、民间人士或科学家，进入到对话和文本制订进程，传统的外交官和政府代表团的专属领地有了大量的新面孔，其间的各种争议、妥协和最终方案类似"多种力的平行四边形合力"。当代世界政治的最新变化，呈现出明显的碎片化、分层化和多元化趋势，它们以自己的方式强化了全球民主化进程的不可逆转势头。而且，世人可以发现，凡是比较成功实现民主转型的地方，都不是简单地模仿照搬单一现成模式，更不是按照外部制订的时间表强行推进，而是有意识地拓展民主的本土化实践，发展适合自身的改革理论与路径。就是说，民主的普遍意涵、指向与本土特色、尝试，恰似一枚硬币不可或缺的两面。

7. 内政外交不可分

在今日世界，国家内部治理的好坏、政府的责任与能力，越来越直接关系到各国的国际形象和权益。国际政治与国内政治的多重博弈，展示了磨合中演进的国际社会构造。

在传统教科书里，国际政治和国内政治被认为是分立的、多半不相干的。信息技术和传播手段的不发达，国内法与国际法的不衔接，以及某些政府和独裁者的刻意闭关锁国，强化了这种两分局面。按照旧时的理解和实践，一个政府及权力精英在国内干得再好，那也仅仅是内政的范畴，未必获得高的国际评价与影响力；反过来，一个政府哪怕在国内胡作非为，它也能毫无困难地保留联合国的席位、各种国际组织的投票权和主权国家的国际权利。也就是说，传统主权观与国内治理水平无涉。

时代在变化，国际关系也在进步。现在的世界局面逐渐让人感受到上述两分法的失效。放眼未来，不难得出结论，即随着多数国家和整体国际社会的进展，国际政治和国内政治岂止是不可分割，前者简直就是后者的放大与延续。一个国家不论采用什么样的体制，重要的是国家当局能否保持经济和福利的可持续增长，保证政治与社会的建设性稳定，保障人员、物流和资金的公平有效配置。借用眼下中国人常说的一句话，要以"老百姓满意不满意"，作为最直接、最重要的评价标准。凡是达标的政府，它在国际上说话就硬气，国家主权和安全就更有保障；而那些鱼肉百姓且胡搅蛮缠的政权，哪怕天然资源丰饶、地理位置优越，它的信用也会被国际社会打折扣，有时甚至被暂时剥夺国际组织席位和其他主权权利。主权不是静止不动的，而是强弱有变的。国家的内在进步与国家的外部影响成正比关系。

萨达姆时代的伊拉克，曾经有过被联合国设置"禁飞区"的严厉处罚。众所周知，美国和少数西方国家在制裁伊拉克问题上做了手脚，以谋取自身的战略利益。但"苍蝇不叮无缝的蛋"，没有萨达姆政权的专制残忍，不会有西方强权霸道介入的机会。伊拉克的悲惨遭遇，是这个国家内部恶政与外部强权双重作用的结果。我们不要光看到美国在国际上使用蛮力，在某种程度上那是以美国国内体制对其百姓的善道为前提的；如果美国国内民主、民生、民权的任何一方面出了大麻烦，如果美国公众不高兴、不支持，哪怕五角大楼再添几个航母编队,"山姆大叔"恐怕也不会有现在这种全球干涉的底气。还须指出,国际政治并非简单地复制国内政治,前者的复杂博弈和反向作用也在塑造后者,信息传播和全球化的其他手段使这种过去不那么凸显的双重博弈变得更加有力。还是以那个超级大国为例:"9·11事件"后的布什主义,造成了美国的国际公信力大幅下降,它也严重挫败了美国的人气与国际干预意愿,制约了美国的硬软实力;之后的"奥巴马新政"算是一种"拨乱反正",不论成败,其重点是以国内重大变革重振美国主宰世界的能力。

图9 萨达姆受审(2006年4月)
来源:新浪网(http://news.sina.com.cn/w/2006-04-18/103087269466s.shtml)

纵观当今世界,各国国家体制满足社会需求的效能及其适应时代变化的能力,决定着各国在全球社会的安身立命,决定着它们话语权和影响力的大小。这也是国际关系向更高层次演变的基石。

在看到未来国际格局与世界政治演化趋势的同时,必须看到国际关系和全球发展中存在的重大不确定性。它超出通常的思维逻辑,完全颠覆了传统的演进画面,产生完全不同于一般预测("规律性")的后果。这中间,既包括人们常说的全球政治和安全领域的"战略意外",如20世纪80年代末期的苏联解体和东欧剧变,21世纪初期发生的"9·11事件"及美国布什主义的战略应对失败;也有世界经济和全球贸易发展方面的重大挫败,如2008年之后的全球经济严重衰退;还包括综合国力较量中出现的"非常规"崛起与下降,如20世纪70年代石油价格的暴涨及沙特等产油国的暴发;乃至科学技术领域的某些始料不及的"突变",如20世纪后期金融互联网的凸显及芯片技术造成的突破等。事实上,恰恰是这些非常规、不对称、无法确定的因素,经常构成当今国际政治和外交实践中受人关注、影响广泛而深远的主题,变成了新世纪国际关系的"新常态"。

国际进步不是直线的而是曲折的,新的复杂性和不确定局面同样值得关注。下面,让我接续前面的讨论,用三个"变量",提示全球政治的复杂演进画面。

8. 西方与伊斯兰的对立

所谓"文明间的冲突",是国际关系进步的主要约束因素之一。20世纪90年代以来,特别是进入新世纪以来,在苏联解体、东欧剧变、美国赢得冷战对抗之后,全球冲突与矛盾的主要来源发生重大改变：拥有强大综合实力和技术优势、主导当代世界政治格局的欧美各国，与占据重要地理和资源区位的伊斯兰世界之间，在涉及国际安全、宗教文化、社会发展的各种重大问题上，产生或加剧了分歧，激发出新的对抗与极端思想。如果说，巴以矛盾为核心的中东和平问题，好似全球冲突局势的晴雨表；那么，美国及其盟友同"伊斯兰反美势力"（包括伊朗这样的国家政权、哈马斯这样的游击队或"伊斯兰国"这样的新崛起势力）的较量，则决定着国际热点冲突的走向。当今国际冲突和热点多数发生在这两大体系之间，主要范围是从北非到西亚中东到中亚乃至东南亚连为一体的"伊斯兰弧带"。布什主义所折射的"新十字军东征"指向，是西方强硬势力在新世纪初期的主要攻略之一，即通过对伊斯兰反西方挑战者的打压，巩固欧美政治和安全体制的主导地位。当然，这种努力还包含了输出民主与自由价值的"软改造"，如在伊拉克和阿富汗的治理方式。总之，是用欧美现代体系为坐标，采取软硬兼施的方法，力促十字路口的伊斯兰体系西化转变。反过来，伊斯兰反西方阵营用同样强硬甚至更加极端的方式（如恐怖主义），对抗外部的改造企图和打压政策，对内部的温和声音进行反制，并在世界其他地方努力结成反美的统一战线。这些努力与传统的西方左派反抗思潮、国际上传统的反资本主义力量之间有着复杂的默契，在西方国家内部阶级分化和社会问题凸显的背景下，构成今日国际关系的主要抗衡面。

然而，在断定其重要性的同时，又难以对西方与伊斯兰关系的演化做出精确预测。这种关系在未来一段时间内是日益紧张、麻烦点和冲突事件层出不穷，还是逐渐缓和、有所妥协，极端主义受到抑制？美国的"奥巴马新政"，可以作为这种测不准事态的注脚之一：一方面，它通过"巧实力"外交和其他手段，修补与伊斯兰世界的关系，避免单靠武力和一国力量的旧方式，来解决与伊朗、叙利亚、也门、伊拉克、阿富汗等地存在的重大冲突；但另一方面，伊朗人或塔利班势力并不买账，而是利用美国内外政策重大转换期的"真空"特别是全球经济危机的背景，乘虚而入并寻求扩大反西方的社会基础，从而造成奥巴马主义的困境。同理，人们很难判别西方与伊斯兰这样两种关系悠久却又恩怨不断的文明形态，会在新时期生出何种演进线索。无论如何，对于全球各国和国际制度而言，这种关系极其重大紧要，带有全局性的引导意味，决定着诸如国际原子能机构或联合国安理会的偏好、北约的战略调整等重大事态，影响着国际制度建构的整体趋势和国际力量斗争的大格局。

2014年法国巴黎发生的《查理周刊》遇袭事件，从一个侧面验证了上述判断。它在震惊世界的同时，也不禁让人深思，为什么在欧洲最古老最优雅的首都之一，会发生如此残忍的杀戮事件？众所周知，法国是欧洲穆斯林人口最多的国家，在那里伊斯兰极端势力正在迅速扩展自己的影响，反对西方统治世界，反对犹太人和十字军，反对所有撒旦追随者。伴随着更多穆斯林移民的到来、更多清真寺宣礼塔的建立、更多反基督教思想的传播，以及更多来自沙特和一些阿拉伯国家资助的宗教文化行为，曾经舒适静谧的西欧各个城市充斥着越来越多的紧张对立和社会撕裂，令民众中反伊斯兰教的情绪及厌恶穆斯林的心理不断加深，排外主义、民粹思潮和右翼力量从中看到其大行其道的时机。认同的差异、价值的对立、文化的误解，成了欧洲走向衰落的又一个通道。《查理周刊》遇袭事件不是个案，不是偶然。没有哪个欧洲国家能避开"西方 vs. 伊斯兰"这对尖锐矛盾。其他西方发达地区和国家（北美、澳洲、日本等），尽管程度不同，亦感受到类似的压力。它是21世纪前期全球治理的主要难题之一，也是制约国际关系和谐进步的重大因素。

图 10　各国政要手挽手在巴黎游行声援《查理周刊》
（2015 年 1 月）

来源：环球网（http://himg2.huanqiu.com/attachment2010/2015/0112/20150112034732364.jpg）

9. 全球化与民族主义的对冲

二者间的此消彼长，也是新世纪世界政治的重大变量之一。20 世纪后期以降，经济全球化的进程以不可阻挡的态势冲向世界各个角落。简单地说，它首先表现为世界经济的一体化和国际经济规则的推广，尤其在苏联解体、东欧剧变、旧的中央指令型计划经济受到抛弃之后，以市场化和投资贸易自由化为核心的这一进程其发展势头显得更加强劲。其次，它体现在各国政府在经济贸易自由化浪潮下的对外开放与积极跟进，包括传统产业的调整和新兴行业的激发、企业和个人自主性的扩大以及民营部门的地位上升。再次，它还呈现在各国大众消费口味尤其是年轻人时尚追求的相似上，广告媒体和建筑风格的雷同上，企业管理、市场营销及都市运作的一式化上。所有这些产生了"政治外溢"效应，弱化了传统的民族自豪感和国家意识形态，缩小了主权政府权力行使的空间，从不同方向约束民族主义思潮及其政策偏好。从道理上说，科学与技术的日新月异，会助长经济全球化的上述作用。

然而，现实表明，世界的发展与人类的进步，并非沿着线性方向前行，而是呈现复式的路径。在很多地区，多数主权国家不仅没有朝着消亡的方向演进，反而增强了干预的力度与方式，比如说它们更多利用集团化或区域一体化的方式，弥补单个国家能力的不足；国家政权赖以生存的政治学说和民族主义（多冠以"爱国主义"），不断被有意识地更新，以适应新的社会需求与偏好。"民族视角"的各种要求，越来越多地出现在那些成长最快、按道理说对全球化最有好感的新兴工业化国家和区域。在这些地区，人们日益感受到，西方的制度霸权和文化主宰，对本国本地区进入核心技术和主导体制，具有公开或隐性的遏制作用。各国的保守势力和传统思想，在对全球化的消极作用大加鞭挞的同时，成了滋生民族主义和排外思潮的社会基础。在世界范围，不难发现，愈是经济发达和开放的地区，各种反主流的NGO和社会运动愈是活跃；它们针对全球自由贸易造成的分化、市场逐利引发的恶性竞争、自然生态环境遭受的破坏、少数族裔的边缘化、主要大国和跨国公司垄断权力等现象，提出各种批判指责。这些抵制声音削弱了经济全球化的力度。

图11 韩国民众示威集会反对韩国—欧盟自由贸易协定（2011年6月）

来源：新浪网（http://slide.news.sina.com.cn/w/slide_1_2841_18008.html/d/8#p=1）

不妨说，在现时代，人们见证的是一种反向、双轨的运动，即以跨国主义的经济全球化与民族主义为核心的反全球化。现在很难确定，它们之间的复杂较量，对于当下研讨的国际进步有何影响。结局可能大相径庭：如果全球化持续发展甚至走强，现有的国际组织与规范将继续扩展；假使反全球化运动和极端民族主义思潮通过某些事件占据上风，哪怕是暂时和局部的，也可能使国际进程发生异动。20世纪60年代后期一系列重大事件（如美国越战失败、西方左派抗议以及中国的"文化大革命"），曾使二战后西方顺水满帆推进的科技革命和经贸自由化受到冲击；近期发生的美国两场战争失败以及世界金融危机，也说明了美国模式的式微和全球化进程的停滞。它们也使得各国政府的战略取舍和公众对于前景的看法变得没有把握。

10. 不同政治发展模式之争

前面指出，近几十年间全球范围的民主化进程一直在推进。然而，不同政治体制与政治发展模式间的竞赛始终没有停止。最近这些年，世人见到了所谓"传统民主体制"与"新威权体制"的争锋和变奏：一方面，在东欧、非洲、亚洲、拉美、中东等地区，出现了新一波民主化浪潮，旧的专制方式被抛弃，多党制、议会民主、投票选举等西式民主受到推崇，媒体的开放、公众的参与、社会的活跃达到前所未有的水平。在"国家与社会"关系结构方面，社会的声音和影响处于上升态势，政府及其决策受到了更多约束，民主化作为全球经济自由化和市场开放的伴随物得到扩展，其政治合法性和目标取向有了更多拉升。另一方面，各种紊乱与失序现象的激增，却是民主的推动者始料不及的；被民主化浪潮席卷的各国各地区出现转型"阵痛"，有的甚至严重到让一些人怀念专制时代"稳态"的地步。反思的态度变得普遍，民主的实现方式得到更多推敲，适合国情区情的做法受到推崇；这中间，以某种集权的形态、在特定的时期与领域、推进民生与民主的尝试，被认为是有吸引力的选项——例如，早期有以新加坡为代表的所谓威权主义政体，新近有以中国、俄罗斯、土耳其等为突出体现的转型方式。

而在老牌西方民主国家，如美国、欧洲、日本，由于金融危机等带来的经济停滞、政客欺骗或软弱导致的政治混乱和低效等所谓"民主赤字"现象的增多，不仅带来了这些国家民众和媒体的不满，也助长了非西方世界对欧美民主模式的疑虑和对各种威权主义方式的好奇。理论新发现和实践新尝试都在证明，多党制和议会民主也可能停摆甚至掉头向下，一党制政体也可以发展出有效的权力制衡和社会进步；衡量政治发展的指标应当是复合的、多重的，单一的模式与思维定式是误导的、有害的。也因此，对于民主的目标价值与当下作用、实现民主的路径与手段、民主衰退与进步的变奏、民主赤字的形成与解决、国家机器的"有为"与"无为"、权力集中与分散的利弊等，有了更多的探讨与分歧。对于这些问题的激烈争辩，不仅是学术理论和媒体大众的兴趣，也折射出世界政治现实行进中的曲折。它表明，民主范畴的世界性进步，在新时代条件下，正在从单一模式走向多重路径。从全球范围观察，推进政治变革和民主化是否具备稳定的政治社会环境，经济社会是否具备有利于民主化生长的土壤（比如中产阶级的出现和工商界影响力的扩大），政治强权人物是否带来"第一次推动"（例如韩国和中国台湾的样式），是十分关键的条件。

总体而言，世界多数国家的民主化进程在未来一段时期仍将持续，而民主的实现方式、各种体制对民主的特色塑造、过渡方式间的竞赛，是一个充满变数的进程。在整体的国际进步画面里，民主的基本价值以及《联合国宪章》所包含的准则，正在被多数国家和民众所接受，成为新时期国际制度和规范的价值基础；与此同时，本土知识与创造性试验，政治文化的话语权争夺，也让当代世界政治画面变得更加扑朔迷离。

上 编
外交转型的政治前提

一、邓小平的历史性贡献

中国是世界的中国。中国的外交转型，是全球范围外交转型和国际关系进步的重要组成部分。中国的改变，无论内政外交，是与全球新时代的变迁同步的、方向一致的。这是我们首先要看到的一点。它属于共性的一面。同时，中国也有它的独特性，有他人无法强加或复制的一面。中国特色的社会主义道路，始于邓小平在20世纪70年代后期发起的改革开放实验；有中国特色的大国外交方式，孕育和成长于由此开启的漫长进程。今天所谓的"新外交"或者说"习近平外交"，实质是邓小平外交的升级版。

让我们先看看过去三十多年实行的邓小平外交路线，分析它与世界政治变迁同步的内容：

1. 告别革命

邓小平从毛泽东那里接掌中国轮舵之后，中国最重要的变化之一,是不再充当世界革命中心和输出地,而是逐步成为现有国际体系的参与者和建设者。中国改革开放的基本方针,按照总设计师邓小平的规划,是把国内工作重心转向经济建设和民生,对外工作转向独立自主的和平外交。这是一种完全不同于毛泽东时代的政治哲学和世界观。从那以来的近几十年,中国在国际舞台上,不再寻求推翻西方主导了几百年的现有国际制度与国际关系体系,而是扮演了一个参与者、建设者和负责任大国的角色。这一转型与全球范围的变迁是一致的:第二次世界大战结束的世界亚非拉地区争取民族解放、反帝国主义、反殖民主义的运动,到20世纪60年代末达到高潮,其主要使命到70年代基本完成。这也是世界范围革命与战争告一段落的信号。中国从毛泽东时代转向邓小平时代,是上一段落幕、新一段启动的标志性事件,是世界范围"和平与发展"主题取代革命符号的一个风向标。

图12　邓小平访问美国(1979年1月)
来源:新浪网(http://news.sina.com.cn/c/2005-08-31/03156821352s.shtml)

2. 维护和平

与"文化大革命"时期中国人谈论的"早打、大打、打核战争"截然相反,改革开放之初邓小平就明确提出,世界大战有可能避免,当今多数国家和国际社会最关心的,是如何争取和平、促进发展。中国要在国内实现现代化,搞经济特区和调动基层积极性,对外关系上要积极引进外资和先进技术,争取更多发达国家的帮助。这一切都需要良好的周边环境和国际氛围。自中共十一届三中全会起,在这种思想的引导下,中国共产党逐渐由一个习惯在革命与战争年代打拼的先锋队,朝着长期和平的环境下为民谋利、发展综合国力的执政党方向过渡;其对外方针最主要的转变,是把维护地区与全球和平、增进国家间合作与互利发展,放在议事日程的首要位置。邓小平不仅启用和依靠职业外交家,而且他本人对美国、日本等国进行了访问,充分表现出灵活务实、看重自身经济发展的新取向。此后,中国遂成为全球稳定与国际和平的重要力量。

3. 慎用军事

与"文化大革命"期间充满好斗气息的狂热氛围完

全不一样，改革开放之后，中国社会整体的气氛，是力避周边战争与外部动荡，积极营造良好的国际环境。单从中国所在的东亚观测，这一地区在二战后的头三十年是大国卷入争斗和战乱最多、强度也最高的区域，仅中国就先后与美国、印度、苏联、越南发生过战争冲突或各种形式的武装对抗。随着中国的外交转型尤其对军事力量的慎重使用，中国周边区域近三十多年保持了国家间无战事的局面，各国即使有争端也"斗而不破"。例如，台海两岸的危机、朝鲜半岛的对峙、南海的各种纷争等，都没有达到流血和破局的程度。观察20世纪最后阶段全球安全与稳定的画面，可以清晰地看到，整个东亚具有"创造性紧张"和"磨合中建构"的特殊局面；究其原因，中国的对外关系转型、中国与美日等国关系的改善，以及中国高层决策者推动贸易和平、慎用军事的方针，对此功不可没。

4. 安定周边

自20世纪80年代始，在邓小平方针的指引下，中国外交决策部门开始把维护国家利益、争取国际合作、化解国际冲突作为自身的中心任务。这里面，如何把周边区域营造成一个有利于中国推进国内改革与建设的环境，是中国外交转型的主要挑战之一。到21世纪初，短短的二三十年内，通过与苏联等邻国互谅互让、富有智慧的边界谈判，通过与韩国的建交并维系与朝鲜的传统友好关系，通过与曾经强烈"反共、拒华"的部分东盟国家化敌为友，通过诸如此类的许多举措，中国外交不断释放出善意和智慧，成功化解了一些邻国的心结，打开了东亚不同社会制度和意识形态国家之间的合作大门。结果是，中国的周边尤其是东亚地区，成为中国改革开放启动期的主要投资来源、主要贸易伙伴和主要留学地点。安定周边，成为中国回归国际主流的重要台阶；转型后的中国外交，以其"不树敌""善结交"，既为自身赢得了宝贵机遇，也在全球外交舞台上独树一帜。

5. 独立自主

邓小平外交思想的另一要点是，强调新时期中国外交，须建立在"不干涉"（他国内政）、"不对抗"（无论何种制度或意识形态）、"不结盟"（主要是拒绝军事同盟）、"不当头"（不搞霸权）的前提之下。这是一种真正有中国特色的独立自主和平外交，呈现出"和而不同、斗而不破"之妙。中国从改革开放之后，减少直至终止了给世界上一些革命党左翼游击队的武器和其他援助，在亚非拉世界与西方发达资本主义阵营之间寻求建立平衡,同时公开宣告国际和平与合作的新方针;不仅如此,更重要的是,转型后的社会主义中国既远离了苏联的"大家庭"模式,也没有被以美国为盟主的西方国家阵营所同化;用中国外交部发言人常用的语言,新的着眼点是"建立正常的、不针对第三方的国家间关系"。它不仅为中国赢得有利于发展的周旋余地,也为未来的国际关系朝着"各美其美、美美与共"的方向过渡,做出了重要贡献。

6. 新安全观

从极"左"年代的备战和世界革命冲动,到今天中外命运共同体的思维,中国人安全观的变化,有一个渐进的进程,其中最重要的转换枢纽是邓小平的改革开放政策。他本人在世时虽未使用"新安全"这一词汇,但他对和平与发展时代主题的提法,对中外关系的重新塑造,事实上比任何人都更有力地激发了今日广泛谈论的新安全观。到了20世纪90年代后期,江泽民在多个国际场合代表中国政府,第一次提出了新安全观(所谓"互信、互利、平等、合作"的八字方针)。2009年,胡锦涛在联大会议上明确指出:"在人类历史上,各国安全从未像今天这样紧密相连。安全内涵不断扩大,传统安全威胁和非传统安全威胁相互交织,涉及政治、军事、经济、文化等诸多领域,对各国构成共同挑战,需要采用综合手段共同应对。"① 胡锦涛讲话拓展了新安全观,表达了某种共同安全、合作安全和综合安全的思想。

7. 重视联合国

在邓小平的开放合作外交方针的指导下,联合国的道义价值受到肯定,其合法性权威性不断上升,以《联合国宪章》和下属机构为基石的国际社会概念在中国得到广泛传播。中国社会和民众整体而言对世界的未来抱乐观态度,对自己国家在其中发挥更大作用的前景也有更多预期。越是相对开放与发达的沿海地区和大中城市,公众特别是青年人越是愿意看到本国加入更多的国际组织,愿意发挥更大作用和承担相应责任。举一个例子:中国20世纪70年代初刚恢复联合国席位时缴纳的会费不到联合国总会费的1%,之后中国所占比重不断提高,目前已接近6%,而且肯定在不久的将来成为仅次于美国的第二大捐献国。我本人曾听联合国一位高官讲,过去

---

① 《胡锦涛发表题为〈同舟共济 共创未来〉的重要讲话》,http://politics.com.cn/GB/1025/1010794。

中国一直是联合国的重要受援对象之一，而现在中国成了联合国的主要援助方之一，对于国际社会而言这一转换具有非凡的意义。

8. 渐进改造观

改革开放后的中国外交，尽管不再与任何国家和国家集团有根本性的对抗关系，但也绝非简单顺从和跟进现有的国际体系。中国既承认他国的长处和现有国际社会的合法性，注意吸纳全球化进程的机会与益处，也指出现有国际关系中的某些不公正不合理之处，对此有自己的改造主张。20世纪70年代中期邓小平在联合国大会的演讲中，就曾提出改革国际政治经济秩序的倡议。邓小平之后的历任中国领导人，都反复强调了推动国际关系民主化和世界力量多极化的必要性。中国人清醒地认识到，现有国际政治经济结构最大的一个问题，是它缺乏广大发展中国家和落后地区人民的声音，很多时候仅仅反映少数西方发达国家和大国强

图13　邓小平出席联合国大会第六次特别会议（1974年4月）
来源：人民网（http://www.people.com.cn/media/200110/23/NewsMedia_137078.jpg）

国的意愿；这是近代欧美资本主义进程的后果，应当合理改造，加以再平衡。然而与毛泽东时代对照，邓小平时代的中国不像革命者，而是改革派，以往剧烈争斗的方式被和平渐进的方式所取代；改革开放之后的中国外交，注重的是功能性的调整、日常事务的改进、体制机制的完善。

9. 外交为民

外交风格与议题也在变化，外交部门的议事日程与老百姓的生活更加贴近。比如，气候变化、环境保护、生态问题、贸易摩擦等低阶政治议题逐步进入以往只有高阶政治议题（譬如说战争、革命、边界谈判、大国对抗等）的决策领域，非传统安全问题（恐怖主义、海上通道安全、国际渔业纠纷、跨国性难民潮等）受到广泛重视，"二轨外交"、公共外交、商务外交、文体外交等新形态层出不穷，外交所具有的神秘面纱被逐渐揭开。在市场化、全球化、信息化等因素的潜移默化塑造下，以往那种专注世界革命、防范外敌入侵、"讲大事讲斗争"的外交，逐渐被淡化、去中心化。新世纪初"外交为民""以人为本"等口号的提出，确实是水到渠成、瓜熟蒂落。外国观察家到中国转一转就不难发现，出了北京城，高阶政治议题的吸引力顿时下降，普通民众更关心的，是身边的事和对日常生活有影响的那些政策。年轻一代的外交官和政府精英，正是在这样的氛围中接受教育和成长的。这是中国新外交的社会基础。

10. 发展指向

即便中国在某些领域、器物或机构层面达到了世界大国强国标准，例如核能力、航天开发、战略导弹数量、安理会常任理事国身份，但必须清醒地认识到，从基本面观察，不论政治经济制度的成熟性，或是社会文化结构的现代性，尤其人均生活水平、教育水平、创新能力开发和整体国民素养指标上，中国仍是一个发展中国家。邓小平对此有清醒的认识，也有许多宝贵的论述。外交作为内政的一种延伸，就当下讨论的邓小平时期的中国外交转型来说，多数变化只是从较低的基础起步，仍在进行当中，存在诸多的不完善、不成熟。例如，直到20世纪70年代中国才恢复联合国席位，因而对于国际政治规则的制订不够娴熟，国内的适应性调整远没有到位；晚至90年代末才加入世界贸易组织，也使得中国人介入国际经济制度的深度不够，尤其缺乏应对反倾销和反贸易制裁的手段及意识；中国虽是公认的政治大国和军费居前的国家,中国人民解放军的武器装备、训练和观念以往更多着眼于国土防御,新阶段面临海外行动任务时就暴露出远距离投放能力的短板;中国海外利益的快速增长只是近十余年的事情,导致中国外交的领事保护工作压力骤增。最重要的问题也许是,中国作为一个独特的新兴大国和共产党领导的社会主义国家,没有也不可能完全脱离世界范围冷战思维残留、强权政治不时冒头的大环境,中国与国际体系的关系依然处于有时顺畅有时困难的磨合期;它既带来对外战略的重新规划,也要求自身机制的复杂调试。借用国际关系学的一个提法,"外交学习"才刚刚开始。

二、习近平推动的升级版

讨论了邓小平外交之后,再来说今天的"新外交"。我认为,所谓富有特色的"大国外交",本质上是邓小平外交的升级版。从习近平执政两年来的经历观察,"升级版"主要包括以下内容:

1. 全球抱负

凭借世界第二大经济体和第二大军费开支国的实力,现在的中国领导人有了新的全球抱负。最典型的事例,有"海洋强国"目标的提出和中国海上力量的迅速扩展，有中国登月计划的推进及整体航天事业的加速进步，有中国人对于南极事务的更大参与和在北极能源开发及科研方面的新兴趣，有对亚太经合组织未来互联互通"路线图"的规划。这些都属于全球性重要国家的"标配"，非一般中等强国或地区大国能力所备。绝非偶然，习近平主席、李克强总理这两位代表性人物，都是中华人民共和国建国之后出生的。在他们身上，体现了崛起后一代中国政治精英的特点：屈辱近代史遗留的包袱较轻；改革开放后受教育和获得晋升；深知国际经济贸易对中国的重要性；直接规划和亲手布局中国在世界各地的重大项目；懂得国际社会对中国不断增长的需求与压力；越来越熟悉全球大国俱乐部的规则与玩法。他们不会也不愿意颠覆欧美主导的国际秩序，因为中国是这一秩序的主要受益者和维系人之一；同改革开放初期领导人的位置不一样，他们的底气更足，掌管

图14 "辽宁"号入列仪式
（2012年9月）

来源：中国网（http://military.china.com.cn/2012-09/25/content_26626630.htm）

的海外资产更多,站的位置也更高。中国现在是公认的全球"大玩家"。下列数字很能说明问题:毛泽东去世时的中国,在全球总产值的份额不到1.5%;邓小平提出"四化"目标时,曾经用在20世纪末实现人均800美元的口号,激励渴望脱贫、解决温饱的中国民众;习近平、李克强现在不论到哪个国家、世界任何角落,他们心里有数,今日中国已是人均7千多美元GDP、总产值占到全球15%左右的世界大国。未来几年将是中国新一代领导人在国际舞台上展示全球抱负的时刻。

2. 新型大国关系

最能体现"升级版"含义的,是习近平所说的"新型大国关系"。它的要点在于既不对抗也不结盟,保证与各个重要方向重要国家之协调协作关系的同时,维护和扩大自身的自主性和影响力。这一概念在胡锦涛时期已提出,现在则有一些发展和创新。首先,在中国崛起为公认全球重要角色的特殊局面下,如何处理好中美关系,已站在全球角度、根据多边后果加以思索谋划。例如,习近平在与美国总统奥巴马会面时提出,中美要"增强战略互信,尊重对方的核心利益,开展包容性协作,共同应对各种全球性挑战"。这一思想成了中国与美国主导的现存国际体系持续对话合作的一大基石。其次,习近平领导下的中国,加强了与另一世界大国俄罗斯的战略协商与合作,但在外界纷纷猜测中俄结盟的时候,却坚持把这一关系定位在"结伴不结盟"的方位。在乌克兰危机、西方制裁、美俄进入"准冷战"的情势下,这一立场为中国争取到新的发展战略机遇。再次是大力发展与世界各重要国家和国际机构的战略伙伴关系。这里,既有与金砖国家越来越重要的机制性协商合作,又有同某些重要大国或战略枢纽位置国家的特殊安排(例如中国与德国的"全方位战略伙伴关系"、与巴基斯坦的"全天候战略合作伙伴关系"、与韩国的"战略合作伙伴关系"、与土耳其沙特阿拉伯等国的"战略合作关系"

图15 习近平奥巴马在中南海瀛台会晤(2014年11月)
来源:凤凰网(http://d.ifengimg.com/w600_h380/y2.ifengimg.com/a/2014_46/34ad6bb1440fc95.jpg)

等)。迄今为止,中国已同七十多个国家和地区机构(如欧盟、东盟、非盟和不结盟运动)建立了不同层级的战略对话协作平台,逐步发展出习近平所说的"遍布全球的伙伴关系网络"。在如何建设伙伴关系网络方面，中国现在的领导人、外交部门和智库有许多新设想、新提法、新举措，比如强调要以和平共处五项原则为战略基础，以维护国家利益和拓展国际影响为战略方向，以政治互信、经济互赖、文化交融、社会互动和安全支撑为战略手段，通过双边关系的改善带动全球战略利益的拓展①。这是所谓"中国特色大国外交"的一个突出侧面。

3. 中国声音

与邓小平的刻意低调（"韬光养晦"）有所不同，习近平显示出在国际舞台大力发声和争夺话语权的强烈意愿。他和李克强一方面在国内反复要求政府外宣部门与传媒，要努力学会讲好中国故事、发出中国声音；另一方面利用各种出访机会，在国外大力宣扬中国的主张，塑造各种新的形象，如有利于世界和平与发展的"中国梦"，站立全球之巅的"和平之狮"，乐于合作的"大块头"，助邻为乐的"中国便车"，"亲望亲好、邻望邻好"的周边合作观，"理性、协调、并进"的核安全观，"多彩、平等、包容"的世界文明观等。不夸张地讲，最近

---

① 参见门洪华、刘笑阳：《中国伙伴关系战略评估与展望》，《世界经济与政治》2015年第2期，第65—95页。

两年习近平的新词汇，超过以往十年中国领导人在国内外各种场合提出的政治和外交概念之总和。

4. 东亚新秩序

在习近平的外交布局画面中，中国周边地区有着特殊的重要性。例如，在过去两年多时间里，中共高层召开了专门的周边外交工作会议，它也是中华人民共和国建国六十多年的第一次；会上习近平提出了"亲、诚、惠、容"的四字方针，把它作为对邻国工作的特殊要求；中国领导人还利用亚信峰会，提出了树立亚洲安全观、制定地区安全行为准则、协调本地区各国应对重大突发危机等倡议；中国政府新近推出的丝路基金、亚洲基础设施投资银行等对外战略经济规划，也以周边地区为主要基石。依我个人的解读，中国高层对周边外交方针的制订，主要有三点战略考量：其一是扭转前几年美国"重返亚洲"战略给中国与邻国关系造成的被动不利局面；其二是为中国引导建立的亚洲经贸和安全格局创造合适的氛围；其三是保持以中国为重心的东亚区域相对繁荣稳定的基础上争取更大的全球影响力。仔细观察就会发现，习近平这一代中国领导人，既能"硬的更硬"，亦可"软的更软"。举例来讲，中国一方面提出了"海洋强国"远景目标，大力发展海军和民事海上力量，敢与日本、菲律宾、越南及背后支持它们的美国较量，大力维护和扩展中国的海洋权益；另一方面主动向多数国家释放善意，更加积极地提供解决海洋争端的中国智慧与中国方案，提出诸如"双轨思路"、与东南亚南亚各国共建"21世纪海上丝绸之路"、提议共建亚洲基础设施投资银行等重大倡议。不到两年时间里，中国周边外交出台措施之多、涉及面之广，令人眼花缭乱，很短时间内扭转此前几年只是"撞击反射"的被动局面。二战结束后一直由美国及其盟友（尤其是美日同盟）掌控的东亚旧秩序，在中国崛起的大背景下，特别是受到近几年冲击波的震撼，变得裂痕累累。东亚新秩序的天平，正在向中国一方倾斜。

图16　中国在建的万吨级海警船
（2014年12月）

来源：人民网（http://military.people.com.cn/n/2014/1216/c1011-26215911.html）

5."一带一路"规划

习近平外交的亮点之一，是"一带一路"对外经贸规划。这个由习近平主席代表中国政府在2013年秋天对外宣告、最初以中国中亚共建"丝绸之路经济带"和中国东盟共建"21世纪海上丝绸之路"为目标的合作倡议，得到出乎意料的热烈响应，不到两年就有近60个国家表示了参与意愿，地理范围扩大到中东、非洲、中东欧和亚太等地区，纳入的多半是新兴经济体和发展中国家，总人口（约44亿人）和经济总量（约21万亿美元）分别占到全球六成和近三成。中国政府出资400亿美元建立"丝路基金"，大力推动亚洲基础设施投资银行（简称"亚投行"，中国在其初始股本1000亿美元中占有重要比重，目前已有五十多个国家加入），以满足基础设施建造和相关投资信贷的需求。综合分析，这一规划具有多重战略意义。

首先，经济上，它可以使中国政府拥有的近5万亿美元的庞大外汇储备和大量闲置过剩的制造业产能得到利用，缓解国内需求不足、增长乏力的困难。从较长期看，它也有助于中国经济结构的转型升级，在大力发展第三产业、金融服务业和高端技术的同时，把传统产业的一部分转移到目前急需它们的许多国家；这方面，相对于其他新兴大国和发达国家，中国有自己的拳头产品及性价比优势，如高铁、常规工业品、实用技术和基础设施建造能力，对发展中世界的政府和民众都更有吸引力。其次，政治上，中国大力推进的这个战略经贸规划，通过长远布局和战略投入，增强周边地区和友好国家对中国的向心力，减少乃至化解原有的某些利益纠纷和心结，逐步确立中国作为世界角色和中心国家的地位。往大处说，这是世界历史在21世纪前期长期再平衡过程的开始，是西方资本主义国家统治数百年后全球宏观政治经济的校正，是历史悠久、体量巨大的中国为人类文明演进做出新贡献的势头。无论尚存多少不成熟之处，也不管前进道路上会有什么曲折，对"一带一路"都可以作出这样的评估。

图17　筹建亚投行备忘录签字仪式（2014年10月）
来源：人民网（http://finance.people.com.cn/bank/n/2014/1103/c202331-25963198.html）

6. "命运共同体"理念

习近平就任总书记后首次会见外国人士时就表示，

国际社会日益成为一个你中有我、我中有你的"命运共同体",面对世界经济的复杂形势和全球性问题,任何国家都不可能独善其身。在多个场合,他分别提到了"中非(中国非洲)命运共同体""中拉(拉丁美洲)命运共同体""中国—东盟命运共同体""中巴(巴基斯坦)命运共同体";尤其是,"一带一路"规划,要促进有关国家逐步形成"政治互信、经济融合、文化包容的利益共同体、命运共同体和责任共同体"。习近平还说:"义,反映的是我们的一个理念,共产党人、社会主义国家的理念。这个世界上一部分人过得很好,一部分人过得很不好,不是个好现象。真正的快乐幸福是大家共同快乐、共同幸福。我们希望全世界共同发展,特别是希望广大发展中国家加快发展。利,就是要恪守互利共赢原则,不搞我赢你输,要实现双赢。我们有义务对贫穷的国家给予力所能及的帮助,有时甚至要重义轻利、舍利取义,绝不能惟利是图、斤斤计较。对周边和发展中国家,一定要坚持正确义利观。政治上要秉持公道正义,坚持平等相待,遵守国际关系基本原则,反对霸权主义和强权政治,反对为一己之私损害他人利益、破坏地区和平稳定。经济上要坚持互利共赢、共同发展。"① 改革开放以来中国最高领导人类似的讲话并不多见。我认为，它不只是像一些媒体所说的那样，表明了对外界急剧升温的"中国威胁论"的批驳态度，而且从一个角度显现出中国新一代领导人的大国道义感和责任意识。虽然目前很难说国际社会对此有多少了解，未来这种理念肯定会发生持续的作用。

7. 统筹内外利益

今日中国是全球化最主要的参与者和获益大国之一。经过几十年的改革开放，尤其是20世纪90年代后期加入世界贸易组织和21世纪初"走出去"方针实施之后，中国巨人一日千里似的迈向地球各个角落，海外利益越来越大、占GDP之比越来越高，国际经济、政治和安全局势对于国内发展与稳定的重要性也在不断上升。正因如此，中国新一代领导人强调，要注重国内国际两个市场、两种资源、两套规则，努力使它们之间不是摩擦对抗，而是协调对接。习近平在2014年中央外事工作会议

---

① 参见王毅：《坚持正确义利观积极发挥负责任大国作用——深刻领会习近平同志关于外交工作的重要讲话精神》，《人民日报》2013年9月10日。

上明确提出:"我国已经进入了实现中华民族伟大复兴的关键阶段。中国与世界的关系在发生深刻变化,我国同国际社会的互联互动也已变得空前紧密,我国对世界的依靠、对国际事务的参与在不断加深,世界对我国的依靠、对我国的影响也在不断加深。我们观察和规划改革发展,必须统筹考虑和综合运用国际国内两个市场、国际国内两种资源、国际国内两类规则。"琢磨一下,这种思路对于中国外交和军事的下一步建构,有着重要的指导意义。例如,中国肯定将加大对海外利益的保护,对中国在全球的人财物安危予以更多预防性安排;中国人民解放军需要重新审视国防和军事现代化的目标,增加譬如说参加联合国维和行动、打击公海犯罪的能力建设、远投力量各军兵种比例调整等内容;中国政府必然依照国内经济结构转型升级的需求与既定目标,向周边和世界其他地区梯次转移富裕产能和实现产业对接;中国中央和地方政府及大型企业,会越来越多地在本部门本公司的议事日程和资源配置上考虑外部因素。统筹内外利益的外交和安全学说,成为今天中国策论的主流。

三、中国社会转型的实质

须指出,无论习近平的外交多么有想法有气势,他所代表的这一代领导人势必将遇到罕见的风险,中国转型道路存在很大的不确定性。对此,2014年我在北大的一次演讲中做过初步分析。这里引用其中几段:

> 目前中国面临一项结构性挑战,是历史上其他国家很少遇到过的。挑战的性质在于,世界上多数的崛起大国,如二战前的德国、日本,历史上的西班牙、葡萄牙、英国、法国等,都未能避开"国强必霸、国强必乱"的逻辑。中国现在的目标是:通过各种努力向世界表明,中国将采取合作、沟通、对话等和平方式完成崛起。全世界都在关注,中国到底能否走出独特的崛起道路?目前的周边摩擦,包括中日之间、中国与南海声索国之间,可以被视为各国对中国崛起的一种消极反应。一些观察者认为,安倍政权与右翼势力试图挑衅中国,东南亚某些国家与美国联手遏制中国,印度试图在某些方面制约中国。这些观察未必没有道理,但在我看来,关键还在于中国崛起本身,导致全球地缘政治经济与外交板块剧烈变动。未来这种震荡还会持续很长时间。外部是否接受"和平崛起"的承诺,存在相当的不确定性。

不可否认，随着中国的强大，它与西方主导的国际体系之间存在的深层次紧张关系不时显现。在微观层面，体现在一些误解和错觉，需要各方反复解释；在宏观层面有很多失衡与冲击，包括全球能源竞争、气候变化、主权问题、军事进展、地区与世界安全事务等。我们要客观考虑外部对中国的接受程度，同时也包括中国能否真正改变对外部世界的固有判断，世界能否实现和而不同，大国之间有无意愿多元共存、合作共进。在看待中国外交时，需要明确这项前提。在国际范围内，主要国家和地区对于中国的崛起，存在不同程度的疑惑。不只是美国、日本、俄罗斯、印度等国，很多拉美、非洲中小国家，也将中国视为一个消极变数。在20世纪八九十年代，世界对于中国成长的影响没有多少感受，而现在这种影响是不言而喻的，尤其是进入新世纪之后变得突出。这也影响到中国与国际社会交往的方式。可以说，中国外交的基本问题，是如何处理与国际社会的关系。中国目前体量巨大，在安全领域是核大国、安理会常任理事国、军费大国，也是全球很多重要国际组织的主要参与者；在经济领域，目前对于全世界接近三分之二的国家，中国已成为第一大贸易伙伴，中国同时也是全球最大的能源进口国、消费国和温室气体大户。在全球各类指标映射下，中国崛起无疑是新世纪国际关系最重要的事件之一，是当代全球政治的关键变量。中国崛起能否走出"国强必乱"的历史循环，构成中国外交面临的一种结构性张力。

往内部看，现在既是中国高速发展的机遇期，同时也是特殊的战略脆弱期，是各种内部矛盾集中呈现的风险期。政治学有一个基本理论，即被各国发展证实的U型原理。简单说，它的含义是：当社会处于极端封闭的原始时期，或在高度发达开放的良好状态下，社会的稳定性最好，很少有大的失序。一旦出现急剧的社会变动、迅速的社会分层、大规模对外贸易、广泛的信息交流和各种以往没有的互动碰撞时，原有的稳定性就会打破。变动程度越接近峰值，破坏性越严重。直至越过一个高点，例如跨越"中等收入陷阱"，基本完成现代社会成长，产业结构、社会关系趋于合理，政治成熟程度与经济发展水平吻合，这时破坏性开始下降，危机得到缓解。20世纪60—70年代,哈佛大学一个关于后发国家现代化过程的课题组,对全球150多个国家进行研究后得出这一结论。他们还发现,族群骚乱、恐怖活动、社会抗争、军事异动等不稳定因素,大多发生在快速变动的这一时期。现在看来,中国恰好处于类似阶段,历史遗产与陈旧观念,在面对新兴结构和年轻一代时,不断发生剧烈碰撞。

中国作为一个超大规模的社会存在,既有北京、上海这样的发达地区,也有极端落后、封闭的区域,治理难度很大。中国又是一个矛盾多元体,充满历史记忆,有着独特的政治文化追求。作为国际社会的新兴力量,中国还希望为世界做出贡献,担负全球大国的责任。多种属性和使命熔铸一体,内向与外向压力挑战构成交替性的双重变奏。处理任何一面的问题都很难。内外两种话语思维体系之间,也存在或多或少的紧张。例如,现在国内普遍还觉得中国很穷,国际上却认为中国已经是比较富裕的国家。国内有声音认为中国不应该为全球提供那么多的援助,国际上态度相反,不管是大国小国,无论是近邻如东南亚还是遥远区域如北欧，人们普遍觉得中国重贸易、重资源，国际贡献与和平崛起的功效善意展示不力。国内普遍认为中国外交太软，过多迁就，不似普京果敢，但在国际层面，譬如说自2008年以来我去过的十数个国家，都认为中国变得强硬，举出的事例有气候谈判、海权争端、大国博弈等等。这类反差非常大，大到国内媒体和公众不太能想象。处于内外夹层之中的国家战略制定者，有时真的不易。

可以说，中国现在处于不进则退的特殊时期。一种可能是，在未来10—20年，中国平稳度过这段敏感复杂的时期，跨过发达国家较低门槛，人均国民收入达到1.2万美元以上，至建国100周年时成为中等发达国家，成为全球GDP第一的大国、真正的世界强国。另一种可能是，崛起至一定时期，会出现难以克服的困难和冲突，周边国家开始害怕和抵制，其他大国开始联手防范，各种动荡与内外纷争持续不断，贸易摩擦、主权纠纷、民生困难、贫富差距等问题加剧，尤其是外部压力下国内族群矛盾凸显，地区差别扩大，政治改革无法推进，经济进步带来的福利无法弥补各种需求，排外思潮和极端民族主义日盛。虽然未必如很多经济学家的悲观预言那样，糟糕到内战、饥荒、国家大规模战争的地步，但可能出现大范围失业、社会停滞、社会精英出走等现象，棘手矛盾合在一起，让政治领导人顾此失彼、疲于应对。在我看来，未来不是单行道，决策者思考时不应排除上述两种可能。

图18　北京遭遇重度雾霾（2013年2月）

来源：中新网（http://www.chinanews.com/tp/hd2011/2013/02-28/178940.shtml）

演讲时难免失于严谨，但其中的意思很清楚，即中国成败的关键，在"内"不在"外"，只要自身搞好了，外部制造的麻烦，不至于让中国"翻船"。从世界范围和当代历史比较，这也是大国不同于中小国家的地方。

邓小平主要的功劳，是在美苏冷战的背景下，打破思想僵化和社会僵硬，把中国从传统社会带向现代化，进而激发生产力、创新精神和进步偏好。邓小平本人并未完成这一转型，他身上还带着革命战争年代的印记，但他通过改革开放，确定了中国由旧时代向新时代转换的枢纽。我认为，未来习近平及新一代中国政治领袖的历史地位，取决于能否坚持上述努力，在与世界的复杂互动中，使中国真正从传统社会变成现代社会。这项事业前无古人，将面临上述"结构性挑战"，或者说"双重困境"，即对外崛起过程中克服"修昔底德陷阱"，对内转型升级过程中克服"中等收入陷阱"。这也是一种政治力的较量，看改革收效与危机崩盘孰快孰慢，看领导人的眼界、意志和能力大小，看内政外交的双层博弈结局。中华民族的漫长未来，也许就决定于今后十年的"弹指一挥间"。

就中国外交转型研究而言，特别需要厘清"现代社会"的含义。我所说的从"传统"到"现代"，绝非时间序列的先后顺延，也不是技术或器物层面的更新替换，而是特指政治发展达到一定水平，尤其是社会结构的逐渐成熟。传统社会并非一无是处，现代社会也绝不是完美无缺，然而从我们此刻关注的话题"世界变迁与中国外交转型"考虑，现代社会取代传统社会是一种历史的跨越，是时代的进步。从世界历史尤其是先进国家的成长经验观察，不管现实情况有何差异，理论上说，现代社会应具备如下内涵与特性：

- 经济上，与传统社会建立在农业和手工

业为经济基础、自给自足和对外防范式封闭的状态根本不同，现代社会不止建立在大机器和规模生产的经济基础上，而且把不断的发展、更大规模的发展、更高层次的发展作为社会存在的基本驱动力。与传统社会所呈现的较为刚性僵硬的结构有别，现代社会具有更大的弹性和延展能力，能够不断分层并呈现丰富多样的局面。典型事例是不断涌现的新社会分工、新职业阶梯、新就业路径，以及现代社会公民对于兼职、合同制、商务寻租、人才流动等现象的坦然。就国际经济和全球贸易领域来看，发达国家和新兴大国明显比落后国家更注重这些方面的能力培养。现代社会趋于发展出较完备、可预期的科层管理制度，如财会体制、教育体制、国防动员体制、知识创新体制，不断自我修补、趋于完善的这些制度，逐渐取代了传统社会那种由少数人权威意志垄断各种重要资源配置、管理制度粗放简单且功能模糊不清的局面。现代社会的整体对外关系，注重国际贸易，重视跨国间的各种流动，尊重互通有无的制度性安排；也因如此，现代社会组成的国家，倾向于用更加精细而非简单粗暴的方式处理国际关系，愿意用民主协商和法治的精神促进现代商务的成长和人的福利提升。无疑，与传统社会相比，现代社会更有利于人类的可持续发展，有利于逐渐形成对环境友好、人际关系良性互动、国际交往相互尊重、宇宙探索事业不断进展的均衡形态。

● 政治上，在传统社会，处于上位的"国家"（包括皇帝、国王、酋长和各种专制者）是强势的、自大的、不可批评和更换的，处于下位的、顺从的百姓就是臣民；在现代社会，"国家"与"社会"的位置刚好相反：社会以各种方式（无论选举、政治协商或其他），决定政治代表的存留，制约政治议题重要性的先后。"大写的人"，是现代社会最重要的地标。与传统社会相比，国家专制制度和对个人权利的扼杀，被遵守法制、尊重他人、懂得群己界限的个人自由所取代。不必说，在这种状态下，个人利益的实现，与公益有一种兼顾、并行不悖的复杂安排。现代社会的公民，对自己的生命、财物、法律权利与参与机会等，有广泛的兴趣，有不可褫夺的了解权，有必要时做出担当的自觉；现代国家认可并保障物质的和精神的社会生活是自由的，是合法公民不可剥夺的权利。从全球数据分析，现代社会构成的国家，更积极参与有关公民政治权利和财产权利的公约制订，对于全球公域（如大洋洋底、南极和外层空间）有更明确的兴趣与法律意识。

• 法理上，自然可以想见，法律在现代社会有更高的塑造力，法律一旦实施，必须人人平等、没有例外；也因此，现代社会必然花费大量的人力物力和财力成本，用于法制的实施、修补和完善。实际上，联合国体系及各种国际规范、公约、规则之类，是国际范围无单一政府前提下对法律至上性的建构与遵从。现代社会基础上建立的现代国家，不仅重视自身主权权利，也尊重其他国家和国际社会的基本权利，就是说现代国家理解国际责任，熟悉国际制度和法律，善于维护国际公平正义，提供所需的国际公共产品。例如，通用的全球标准（子午线和时区划分、汽车左行或右行标准、油轮设计标准或核安全标准等等），都是现代国家的贡献。在现代社会组成的国际社会，那种不管国内人权状况、不必遵循国际准则与惯例的绝对主权观念,正在受到质疑,变得式微;新的标准及趋势是,一方面抵制霸权主义和强权政治,主权继续作为国际关系不可或缺的基石,另一方面主权国家重视保护的责任,各国相互依赖。由此,像国内人们之间形成连带关系一样,现代国家之间正在形成某种"社会关系",即:所有社会承诺公民不受威胁,所有社会承诺遵守达成的义务,所有社会保障主权(财产所有权)的稳定。

● 思想上,与发展优先的现代主题相适应,现代社会的政治议程、精英共识、社会心态和整体氛围,有一种着眼建设和成长的指向。现代社会有扩张利益的冲动,但它会避免陷入长期持续动荡不安的、充满争斗从而影响发展的状态。这也意味着,尚武习气在现代社会逐渐淡化乃至消失,人与人之间、族群之间,是用包容协商的态度,解决社区矛盾与人际纷争;推至国际关系,现代社会组成的国际社会,要求用和平的、谅解的、合作的精神(即"联合国宪章精神"或中印等国倡导的"和平共处五项原则"),处理热点纠纷与国际争端。一个现代的社会,应当具备乐意开放、保持吸纳能力的良好状态，不会采取封闭的、排斥外来事物的立场；在世界范围观察，进入现代社会的国家，总体而言有着比落后国家更开放的心态，鼓励公众了解和欣赏其他国家的优点。现代社会之哲学思想的基础，简约地说，包括诸如人的自由、生命至上、多元民主、科学精神、平等主义和法制尊严等核心价值；没有对这些核心价值的尊重，不会有名副其实的现代政治、现代经济和现代社会。

● 现代社会也有自己的困惑与缺失，其形态和性质异于传统社会。一个人旧时不得温饱，操心的是如何获取食物，现在生活水平提高了，却更易受糖尿病和"三高"指标的困扰。社会发展亦如此。现代科技极大开拓了人类探索宇宙空间能力的同时，也发明了原子弹之类可能毁灭人类的可怕武器；现代经济一方面使个人财富和社会福利成倍增长，另一方面制造出更大的生态危机和新式的贫富差距；现代民主让专制独裁统治无法立足，但它不具备防止政党间钩心斗角、金钱干政或体制空转等不良政治现象的"免疫药"；现代社会使政府系统趋于完备、使数字化管理变得可能，可人们也见证了更加精致的官僚主义、复杂如迷宫的潜规则；现代国际关系通过金融、贸易、投资、外交、公约等交往形式加深各国相互依赖，然而终究无法消除强权政治、恐怖主义、教派残杀和地区热点等令人沮丧的现象。诸如此类，不一而足。这里面，有不少属于较简单社会结构向较复杂社会构造转换时出现的问题，是"前进阶段上的矛盾"或者说"成长的烦恼"；而且，如前面讨论过的那样，愈是快速转型的社会，各种阵痛愈是强烈，处置起来愈无先例可鉴，决策者愈感复杂难控。转型的速度与风险成正比。说到底，"现代性"本身就是一把双刃剑，它以更有力更显著的方式，拓展了人性的善恶和国家的优劣，用一种加速度裹挟逼迫各民族各个社会向更高的阶段演进。穷究道理就会明白，无论是早是晚，不管喜欢与否，现代社会是各国发展的必由之路，是政治舵手必须面对的新地平线。

通过"现代性"的上述界定，我们不难看出，要想成为一个"品质优秀"的国家，必须有一个不断优化的社会。对于中国来说，要想成为真正受人尊敬的世界强

图 19 习近平出席俄罗斯纪念卫国战争胜利 70 周年庆典（2015 年 5 月）

来源：人民网（http://pic.people.com.cn/n/2015/0510/c1016-26975280-6.html）

国，同样必须有真正现代的社会构造。前面说过，毛泽东的历史地位，是打破了列强对中华民族的枷锁，但他的"世界革命"战略导致中国一直停留在传统社会。邓小平最大的贡献，是把中国由传统社会转向现代社会，尽管只是开启了转型的进程，政策本身也存在诸多矛盾。习近平这一代中国政治领袖的命运，决定于他（们）是否懂得，正在崛起、受万众瞩目的中国，自身不止在器物层面有落后与缺失，制度层面亦存在困难与矛盾；决定于他（们）是否愿意面对复杂的内外压力，大胆吐故纳新、加速乃至完成转型。

四、中国外交的社会基础

分析了"现代社会"范畴之后,再来看看中国社会的现实构造,这是转型期外交的社会基础。

1. 超大社会

中国社会最明显的特征之一,是其超大的规模和差距悬殊的内部发展水平。它有很多值得讨论之处,这里仅就对外关系角度谈几点。

中国 30 多个省份中的多数,都相当于国外中等国家的规模(人口不到 2000 万的国家,占到全球国家总数的 80% 以上)。中国每年增加的人口接近荷兰的总人口,每年新增产值相当于一个土耳其或两个马来西亚的总产值。中国内部较落后西部地区与较发达沿海地区的差距,不亚于外部落后国家与发达国家的区别。加上国内少数民族多居住在西部边远区域、与国外冲突热点相邻这一事实,经济巨大差别的存在使得中央政府的治理努力异常艰难。外人更多看到中国成长迅猛、已是全球第二大经济体的事实,看到"北上广深"等城市日新月异的风貌,却很少了解中国国内"三个世界"的现状,很少懂得这种差距对于执政者的压力。各种问卷调查显示,中外公众对于"中国是不是发达国家""中国人是否富有"的认知有天壤之别。中国外交部发言人的表态，乃至习近平、李克强的国事讲话，仅仅代表中央政府立场、表达整体的国家利益，但它不等于得到所有人的理解，不可能反映实际存在的所有诉求。看到反差的存在，注意平衡的难度，做出恰当的决定，不是一件容易的事情。

今日中国超大社会的另一特点，是"非中央外交"的形成。中国地域广大、少数民族众多、地理多样性丰富，在改革开放进程的激励下，地方政府乐意发展自己的对外交往方式。例如，东北、西北诸省区推动与中亚和俄罗斯交往的"边贸外交"与"能源外交"，山东和东北各省形成了与韩国合作建设的开发区或工业园，西南方向各省瞄准东盟推出"西南大通道""湄公河流域合作机制"和"地区博览会招商会"。在中央外交和地方外事部门指导下，这些举措不断产生"外溢"效应，促进中国与周边地区的经济一体化和政治信任，成为国家对外交往新的桥梁纽带。这也是以中国为轴心的东亚"商业和平"（"贸易和平"）长期存在的原因之一。

超大社会的存在，决定了中国社会的转型，不是均质、无缝的界面，而是阶梯式推进、速度质量不等的复式图景。它对于国家外交和战略设计，有着非常复杂、

图 20　第 11 届中国—东盟博览会在广西开幕（2014 年 9 月）
来源：人民网（http://cpc.people.com.cn/n/2014/0917/c64094-25678923.html）

一言难尽的影响。比方说，市场气息浓厚的沿海地区与农牧业为主的西北地区比较，普通人对尚武风习的评判就很不一样：上海和江浙一带的人更钟情谈判的技巧，不太喜欢流血的场景；大漠孤烟的后代不太计算具体的成本，总有拔刀相向的豪气。这种现象历史上就存在，现在更为明显，它对地处北京的外交部门和军方机关有着润物细无声的影响。看清历史的走势，懂得不同时代的符号，制订政策时趋利避害、让各方满意，在一个人口是美国的四倍多、俄罗斯的近十倍、通常的中等强国的二十倍的国家，真是不简单！想想四五十年前，中国多数人还在做大干世界革命、在他国疆场献身的思想准备；看看现在，越来越多的人更多关心的是生活中的稳定与改善；谁敢说若干年后，中国当上全球 GDP 第一大国之时,不会成为联合国维和行动的主力、安理会提方案的大国、全球濒临灭绝物种的拯救者?放长眼量看历史,对于传统向现代的转变,在中国这样的超大社会,要有耐心、有智慧,有前进的勇气。

2. 红色社会

与印度、巴西等非西方大国不同,中国是一个社会主义大国,用西方人的说法,是一个"红色国家"。然而,在我看来,今天的"红"与昔日的"红"又有区别,它是"中"(中国历史文化)、"西"(西方近代影响)、"马"(马克思列宁主义)三种色调的融合。

众所周知,在中国,党的方针是外交决策的依据。坚持"四项基本原则"(第一,必须坚持社会主义道路;第二,必须坚持无产阶级专政;第三,必须坚持共产党的领导;第四,必须坚持马列主义、毛泽东思想),是制约中国社会的大前提,也是中国外交的指针。传统政治话语里混杂着看似矛盾的许多说法,譬如说除经济、贸易、技术的需要不得不与欧美日等发达国家协调合作之外,还应支持广大发展中世界抗击美国和西方霸权。"社会主义终究战胜资本主义"的信念,通过各种教育传递灌输给学生和公众。就程序讲,外交政策运作的机构,主要有中共中央外事办公室（简称"中央外办"）和外交部。中央外办直接隶属最高领导层，外办主任相当于总书记的外事顾问。中央外办并非外交部的上级，但它具有"上传下达"的特殊地位。中央外办与外交部之间，加上中共中央对外联络部（主要负责党际交往）和中宣部（主管意识形态工作和对外宣传的大口径），存在着一般人不易搞清的复杂关系。这种红色印记随处可见，提示着中国社会和政治制度的独特性质。

图21　中共中央对外联络部举办专题吹风会向外国驻华使节介绍十八届四中全会精神（2014年10月）
来源：人民网（http://cpc.people.com.cn/n/2014/1030/c164113-25941719.html）

不过，中国社会今日的"红色"，是融合了国史"金黄"及西方"蓝色"的复合色彩。首先，邓小平时代的中国共产党，不同于苏联斯大林时期的共产党，也有别于今日朝鲜的劳动党。继续执掌政治大舵的同时，中共降低了意识形态的调门和重要性，强调"问题解决"

和"实践本位",与时俱进地改变自身面貌——从早期的"革命先锋队",演化成后来的"三个代表",再发展到今天"中国梦"的倡导者。每个城市、每个部委、每个大的单位,管理者中既有党的书记,也有行政主管(有的是二者合一),任何大的决定都不是单方面作出的,而表现为"多种力的平行四边形",表现为合力。在我工作的北京大学,比方说,实行的是"党委领导下的校长负责制";外人也许对于这类提法感到费解,中国人则用务实态度处置具体问题,绝不会把自己吊死在逻辑矛盾的树上。

其次,中国社会及其外交同时继承了自身古老历史的某些基因。思想领域的诸子百家、器物层面的四大发明、精细的农耕方式、独特的兵书和医学及天文理论等,为今人所称道和自豪。尊孔与国学热正在中国大地兴起,党的干部和外交官也被要求学习"本国的历史和文化"。深厚的历史文明血脉造就了深植的大国心理。在中国当代社会生活的各个领域,无不能见到这一基因血脉的存在。仅就外交讲,它带来了两重结果:让中国人为伟大祖国自豪,愿意看到它的独特性,也可能使国人产生自大情绪、对外界的批评不敏感。热衷谈论"回归传统""复兴中华""多极世界""大国外交特色"的国人,未必总能均衡判断这些口号里潜藏的正能量与负效果。不管怎么说，中国本土的东西，对于引进的马列主义，有吸收有利用，也有改造和扬弃。与原来的马列学说对照，当下的中国版本，少了一分对现代资本主义的犀利；多了一分对传统中庸之道的诠释；少了一分清教徒式的纪律，多了一分农人涣散的气息。

再次，现代西方文明的落地生根也是不容否定的事实。从近代攻陷长城，到民国时的长驱直入，直至改革开放之后的吸收消化，西方的各种思潮接踵而至，成为中国社会的某种"新常态"。与帝国主义的坚船利炮一样，欧美资本主义文化强势而精致，器物与思想层面均具有强大的扩张力，其中既有不合中国国情的"低档货"甚至垃圾，也有建构现代社会不可或缺的要件。今天在中国社会尤其是年轻人那里，西方文化大有市场（如美剧和日韩消费模式）；在中国学界，美式话语占据了有利位置（如国关理论的"三大流派"）；在中国政府体制和法规里有大量借鉴欧美的成分（如福利和养老金制度）；在外交实践中，西方缔造的联合国体系、国际货币和贸易体系在全球政治生活、经济生活中发挥着巨大功能；"自由""民主""人权""反恐""气候变化""全球治理""保护的责任""可持续发展"等最早由西方思想家或政府提出的命题，占据了国际首要议程并得到包括中国在内的多数国家的认可。

对于"西方"，一般中国人有着又爱又恨的心理。这里特别须提到近代史留下的阴影。在中国人的记忆里，自1840年起始的百年，是中华民族不堪回首的一段历史。帝国主义列强对势力范围的划分、对财富和资源的掠夺、对"东亚病夫"的怠慢轻蔑，在中国人脑海中留下耻辱难忘的印记。学了近代史，就不难理解中国革命的起因和早期中国外交的特点。对于中国领导人和外交官来说，首要任务便是一扫旧时代留下的耻辱。独立自主观念在中国外交中占有的位置是如此重要，中国百姓对于西方国家的干涉是如此深恶痛绝，非一般大国所能比。每当中外关系发生摩擦时，总有人说："八国联军又来了！"不大会思考中国自身的原因或互动时的复杂情况。民族主义的起落当然不

图22　八国联军在紫禁城阅兵
（1900年8月）

来源：中国网（http://image.tuku.china.com/tuku.news.china.com/history//pic/2011-01-06/00ad0e13-ff81-4138-b0c4-0146d9f2d3a7.jpg）

全取决于外交,但它将伴随着中外关系的整个过程。在今天的中国,"受害者心结"和"弱国心态"有所缓解但并未去根。这一切增加了中国外交决策的复杂性和在世界上发挥作用的难度——国家利益与政治意识形态有时一致有时不合,国际化的要求与民族自尊的想法时常碰撞,国家的霸道与王道像是同一硬币的两面;不同态度的出现,有时表现了中国特有的多元与神奇,有时则妨碍大国风范或战略制订所需的严谨。

举这些事例是想证明,在中国社会,"主旋律"之外有着越来越多不同的声音,"红色中国"——如果继续使用这一概念的话——须有新的定义。

3. 动感社会

当代中国社会是一个动感十足的社会,在商业化信息化条件下,其活力和变动超出世界上任何国家。

"动"的表现之一,是工商业对于政治决策和外交方针的影响快速上升。曾受政治权力抑制的工商界影响和大众消费选择权,在经济全球化和市场浪潮的带动下,迅速转化为新的社会杠杆和影响力。纳税人意识、物权和法权等在市场基础上形成的公民权利观,得到不断增强。不同寻常的权利意识通过各种方式表达出来,比如工商界要求参与贸易和纳税规则的制定，希望政府决策更加透明和可以预期。工商业者对国家外交和国际形势十分关注，对自身不断扩大的海外利益和人身财产安全提出保障要求。外交工作与经济利益的联系日益密切。新时期不断扩大的外交领事工作，其主要任务之一便是保护中国海外投资者的利益。外交部门承担了不少为国内招商引资、为产能走出去牵线搭桥的使命。外交部发言人经常对中国企业在海外受到的不合理阻碍加以抨击。国家领导人出访时，总有企业和金融巨头的随同。"经济外交"代表中国社会国内成长的向外延伸，经济利益和市场化也是中国外交从传统向现代转型的主要动力之一。看看几十年全球最大规模也最快速度的这一经济成长，不难想象中国社会超乎寻常的巨大张力。

大众媒体的活跃和对更大自由的寻求，是今日中国社会的另一"动"像。通过各种媒介获取和了解信息，用它们加强自身能力和改善待遇，成为越来越多中国人的日常方式。中国的各大报纸是全球发行量最大的纸质传播物，中国的网民数量成为世界上最大的网民群体，中国家庭的手机和电脑保有量在新兴大国中首屈一指。行政部门特别是舆论监督者竭力掌控信息化，却总是顾此失彼、遭受非议。就对外交的影响而言，过去人们普遍相信"外事无小事",公众对外交无知情权,"文化大革命"时收听"敌台"是一种罪行,《参考消息》只供少数高官参阅。现在的局面大变:有些真正需要保密的消息或事件,常常由于外媒的透露而提前曝光,可能被乐于捕捉消息的网友传播;各种新媒体(如手机微信、家庭卫星装置、网络"翻墙"技术),很难受到官方控制;外交部门做了大量适应性调整,如建立新闻发言人制度、网上发布领事保护事项、外交官员在线回答网友提问、组织媒体人参访等,仍无法避免各种指责。中国新闻与媒体的自由度,衡量起来并不容易:一方面比过去有了极大改善,另一方面相对于多数国家管控很严;媒体本身出现了极大分化,有的更加保守,有的则十分大胆、前卫;媒体人对某些"口径"的狭隘偏颇和管控手段的粗暴简单,多有抱怨与不满;首都和少数大城市的报刊电视被宣传舆论部门严格督导,一般城市受控程度则小得多,各种新媒体和小道消息更是层出不穷、"防不

图23 外交部发言人华春莹主持例行记者会(2015年2月)

来源:外交部网站(http://www.fmprc.gov.cn/mfa_chn/fyrbt_602243/jzhsl_602247/t1238980.shtml)

胜防"。

经济快速的国际化、外向化，也表现出上述"动"态。国际经济一体化发展路径的最大特点，是它建立起跨国协调合作的投资和贸易方式，吸收多个国家乃至整个国际社会参加互补互惠的合作形态，更好地利用人财物各种资源。到经济合作的一定阶段，地区一体化进程可能出现有助于增强共同军事安全和共同政治目标直至共同社会身份的各种"外溢"效果。中国发生的一切与此吻合。上世纪末加入世界贸易组织和亚洲金融危机，是促使中国经济加速国际化的标志性事件。亚太经合组织中的各种设计和倡议，与韩国、日本、瑞士、新西兰等国有关双边贸易自由化的安排（及谈判），人民币作为地区结算币种在周边国家的推广，与东盟国家签署的自贸区协定，上海合作组织成员的经贸合作，正在规划中的"一带一路"倡议等，都给了中国人自我审视和改进的机会。"开放"对于中国社会政治进步的作用，丝毫不亚于"改革"；它用各种安排及时间表，倒逼出适应性和制度变迁。中国人这方面的学习进展，是新兴大国中最神速的一个。

4．转型社会

中国社会正在由传统构架向现代形态转变，它成就巨大也矛盾多多，转型的道路依然漫长。新的进步也伴随新的危机，问题和解决问题的答案一齐产生。

经验和理论都证明，市场化、商业化到了一定阶段，易加剧社会内部分化和裂变。中国现在的贫富差距，包括地区之间、族群之间、职业之间的差异，达到惊人的地步。财富的积累与差距的扩大二者叠加在一起，让对立和不满的声音变得尖锐。政府说了很多也做了不少，但结果始终不如人意。无论用什么标准衡量，假使不有效治理，社会矛盾可能在某个时刻形成"崩裂效应"。必须认识到，不管中国社会多么有韧性，中国老百姓多么能忍辱负重，事物的发展总有一个临界点。近几年全球化处于低潮期，在世界上一些地区出现的社会动荡和政治危机，如北非、中东出现的情景，并非绝对没有可能再现于中国。

国际化进程的加快，也会带来始料不及的麻烦。中国经济相对笨重、社会粗放管理的特性，在对外交往中表现为国际化热情高但国际化水平不高、速度快却质量不理想、承诺多可落实不到位的种种问题。举例来说，加入世界贸易组织的这些年，中国与许多国家的贸易摩擦、知识产权纠纷、生态维护方面的冲突等，成了国际经济关系的一大焦点。究其原因，一方面是外部世界尚未做好接纳如此庞大经济体的准备，有些国家在其中恶意使绊子、制造事端；另一方面是中国人按国内养成的习惯出外打拼，没有适应国际社会较高的标准与质量要求。

中国社会的人权状况，相对于过去有公认的进步，按照现代要求依然有严重的缺失。好的一面是，中国人权得到改善，在生存权、经济温饱及至"全面小康"建设上取得重大进展。但有问题的一面是，中国人权的政治意涵、法权尺度、国际义务落实不够。

中国社会的进步走到了新的关口：它具备了现代的器物性外表，具有强劲的动力和潜能，但缺乏现代性要求的社会管理、自组织机制、公民权利和国家纠错方式。说到底，中国共产党和执政者，还在从历史长河中的革命战争、专政统治、阶级斗争那一段，朝着和平发展、依法治国、尊重人权的这一段艰难过渡。革命党地位的退隐、国家过度集权的消解、公民社会的培育、个体性精神自由的增进、国内社会与国际社会的优态共存，是中国改革开放和社会转型的更高目标。中国共产党的历史地位，不仅在于它能否铲除一个旧社会，还在于它能否建成一个新社会。

下 编
外交转型的主要问题

外交转型是社会转型的自然延伸。如前所述,中国社会的改革正在艰难前行,目前处在由传统向现代转变的关口。外交工作同样需要用这种视角加以审视。从对外关系分析,在中国海外公民和各种合法利益的保护方面,在适应全球责任与提供公共产品方面,在尊重国际法道义权威和参与国际仲裁过程方面,在尊重国际范围的人权思想、生态保护、知识产权等方面,在讲好中国故事的同时懂得全球故事的软实力方面,中国外交既有可圈可点的地方,也不乏落后他人、被动受制的时候。从国内方向研判,外交服务对象变化所要求的功能提升,外交投入的适时增长与新增资源的有效利用,外交与军方、商务等涉外部门间的分工协调,社会各界及公民积极性的调动和智库建设,外交人员知识更新与外交规划机制的中长期设计,新时期外交理论、思想与哲学世界观的创新等,在我看来,都属于须认真检讨的体制机制性问题,都存在弥补改进乃至转型升级的必要。

一、外交为民的方位

尊重人，敬重百姓，做好领事保护，展示中国社会的丰富性，同时让公民政治权利得到落实，应当是中国外交的最高要求，也是外交转型能否推进、是否成功的重要尺度。这里主要有如下意思：一是外交人要深刻理解"人"的命题，二是完善"外交为民"的方针，三是保障公民的知情权、参与权，四是防止少数利益团体占用过多外交资源。

1. "人"的逻辑

传统外交有三个基本特征：隐秘性（少数人的内幕决策）、国家中心（由中央政府高层议事和决定）、"高阶政治"（议题基本是革命、战争与和平之类的大事）。现代外交的潮流是：外交更加公开透明，神秘色彩渐渐褪去；国家（政府）与社会（公民）分享部分权力，承担不同的对外交往职责，看上去"国家渐渐变小，社会慢慢变大"；"低阶政治"议题在决策日程的位置前移，如气候变化、贸易谈判、生态保护等问题的重要性上升。这些变化的实质，是"人"字被大写，具体的生命、寻常的百姓成为关注的焦点，束缚人的、压制性的官僚弊习被否定，围绕公民权益和权利的创新不断涌现。有自觉意识的公民社会，开始规范国内政治过程和对外交往方式。

中国在建国头三十年，对外战略的基本目标是，让新生的红色政权站稳脚跟，使中华人民共和国得到尽可能多的国家承认。政治独立和生存要求，使得第一代领导人不得不把目光放在国家层面，尤其是与亚非拉新独立国家的联络和同西方国家的斗争上。中国外交总体是为推进世界革命、反帝反殖民主义目标而斗争。这一时期"高阶政治"议题和国家重心占有绝对优势，基本上没有太多关注政治之外的内容，经济手段也服从于政治目标，普通人更是无法了解外交决策的过程。中国形象更多是一个政治巨人，像挑战世界秩序的斗士。

在第二个三十年，即邓小平开创的改革开放时代，经济建设和对外开放方针取代了旧时的革命路线，中国外交为国内发展及民生改善起了保驾护航的作用。从积极面看，中国社会经济的活力大为增强，个人的主动性和社会自主性开始生长；不足之处在于，公民社会的组织性依然不够，公民的政治和外交参与度很低，外交议程被过多的经贸议题占据，忽略了个人政治表达、公共外交形态等层面。中国这一时期给外部的印象更多是中央政府的"大手笔",来自于国企强大的收购实力,来自于全球航运业、贸易进程、金融机构和基础建筑领域的"中国印记",却很少来自普通百姓或民间社团,很少来自非政府的艺术家、作家、环保团队、青年志愿者等个人。世界各国很少知道中国社会丰富动感的形态,很少懂得中国人民的政治自由追求、幸福生活目标和社会参与方式。中国形象主要是一个经贸巨人,其他方面乏善可陈。

现在,经过几十年改革开放的中国,高层在内政上提出了重视增长的质量、人本与民生的价值、社会管理作用的新目标,外交上提出"以人为本、外交为民"的口号,更加重视海外利益及民生工程。这与世界进步的总体潮流是一致的。以适合本国国情的方式,推进政治和外交的民主化,实现"人"(公民个体)的大写,是发展更高阶段的目标。

图24 中国石油天然气集团公司与苏丹能矿部合资建设和共同运营的苏丹喀土穆炼油厂

来源:中国驻苏丹大使馆网站(http://sd.china-embassy.org/chn/dshd/t1002906.htm)

中国梦的实现过程,既是国家的、民族的,也是个体的、每个具体公民的。这是中国外交体制机制变革的认识论基础。为了人民,服务百姓,尊重生命,敬重社会,保护公民,发展个性——它们不是可有可无的任务,而是新时期外交人需要推进的使命。

2. 外交为民

不可否认,这些年来中国外交部门做了大量努力,落实"以人为本、外交为民"的精神,取得了不少成效。比如,强调外交工作要接地气、懂民情、惠民生,打造好"海外民生工程"。领事工作在提升服务品质方面,出台了护照工作服务和领事认证窗口便民的新举措,领事服务网还发布了《申办因私出国签证手册》。新推出了"外交部全球领事保护与服务应急呼叫中心",尝试推进生物识别签证项目。在处置大量领保案件的同时,推动预防性领事保护的教育,会同多个省市和教育部留学服务中心等,举办面向企业、高校和民众的领保宣介活动。近期领事部门在提高护照"含金量"上做了不少事,与更多国家签署了互免签证协定或简化签证安排,方便了出国人群。尤其是,当中国公民海外遇险时,中国外交部门这些年花费了大量心血与人力投入援救,其工作量达到史无前例的强度。

然而，现实里的一个困境是，有限的外交资源与日益增长、几乎无限的领事保护需求之间的矛盾，不仅让在外中国公民难以获得高质量的服务，也令中国外交人饱受指责、苦无良策。中国外交官总体规模约有九千人左右，而每年出境的国人超过一个亿，单是新增人次一年就高达一千万。借用王毅外长的一个说法，这种局面像是"小马拉大车"。后面将用专门的篇幅证明，资金方面的问题也十分严重，制约了对于海外利益特别是公民安全加以保障的能力。另外，在外交资源有限的前提下，如何用好人财物，也是一门学问。

图25　王毅为外交部全球领事保护与服务应急呼叫中心揭牌
（2014年9月）

来源：外交部网站（http://www.fmprc.gov.cn/mfa_chn/zyxw_602251/t1187682.shtml）

让我举例说明，什么是可能的改进线索：

第一，如何重新配置外交资源，提高用于普通百姓的那部分？现在要求公布"三公"预算的呼声越来越高，外交部相关财政情况却始终像是一个谜。也许外交部门有难言之隐,可能用于政治安全目标和领导出访的比例不宜公开。但我想,从发展趋势看,这方面的透明化是迟早的事情,外交部应当未雨绸缪、适当跟进。

第二,如何加强外交经费和人才培养方面的建章立制,在制度层面适应新的需要?现在看,全国人大和中央政府的立法建规工作相对落后,现实中很多矛盾的解决缺乏法律的依据。尤其是,应该像20世纪末以来增加国防费用和教育费用那样,给外交现代化制订合适的财政目标,保证每年一定比例的经费增长,从而为外交能力特别是领事保护能力的提升奠定基础。鉴于后面要专门讨论外交经费问题,这里不展开讨论。在外事教育和队伍建设工作上,现在仅有外交学院一家是远远不够的,国家应考虑在有条件的省份(比如沿海地区),建立若干个外交外事领域的大专院校,瞄准领事保护需求培养输送更多实用型人才。自然,这些非外交部能决定,需要政治高层和全国人大的决定,需要各方面的理解与支持。

第三,如何在资源有限的情况下,利用驻在国的军警和民间保安力量(类似"黑水公司"),为我国在外人员(留学生、打工者、游客等)提供应急协助?国际上各种经验教训很多,国内走出去的企业和地方政府也有一些自我防护的尝试。应当把它们好好总结、统筹考虑，建立更多我方经贸援助换取对方安保协助的安排，在全球各地一些友好国家和区域那里通过试点取得成效并逐步推开。这也是领事保护工作更多利用市场化和国际社会参与的一种新思路。它的出发点是，利用庞大的外汇储备和财政资源，以及外交长期工作奠定的基础，调动各种潜力与积极性，使之参与维护新时期不断扩大的海外利益。过去十余年间中国已在世界各地建立了七十多对国家间的战略协作、战略对话、战略伙伴之类的关系，这些战略互助关系不应当停留在口头纸面上，或仅是"高阶政治"的内涵，而须充实进保护公民、维护百姓权益的主题。

图26　民间海外安保力量进行人员培训（2013年7月）
来源：新华网（http://news.xinhuanet.com/photo/2013-07/17/c_125024658_2.htm）

第四，如何引导公民个体更好理解自身法律权利和在外各种权益，增强自我防范意识？要看到，在每年出境的上亿人次的中国公民中，确实有很多人不了解国外情况。他们往往想当然地用在国内习惯的思维与做法，处理在境外遇到的各种险情或个人麻烦。有的人出国旅游或经商前，从不对对象国做"功课"，不了解外国的风俗人情和法律法规，缺乏风险意识及对自己行为及生命高度负责的态度。有些人遇到了麻烦（不管是什么事情，无论是否违反当地法律），总认为使馆和驻外机构必须也肯定会提供帮助；或者通过贿赂、"打点"、找关系等不当手段，试图破财免灾、化险为夷。我认为，对这种现象不必大惊小怪，应当避免用旧时的思维与做法处置，而要用公民权利、公民教育等现代公民社会一般路径，培养教育中国人的国际意识、个人权利法律意识和风险规避习惯。外交部门特别是驻外代表机构，应当通过耐心的帮助让同胞懂得，什么是正当的权利，什么是不合情理的要求。

第五，学界和智库能否做些事情，比如说与有关方面联合研究和发布海外风险的经常性报告？从发达国家的经验看，在国民的海外保护方面，政府是有限作为、起导向作用；社会各界则大有可为，尤其是以深度分析和创新思维为专长的学术界理论界能起独特作用，比如风险的评估与预警。可借鉴过去几年北京大学等在评估地方政府创新和企业社会责任上的一些做法，利用研究机构和大学专业人员开展这项工作。具体建议是：（1）外交部政策司等部门设立专项基金，用于在高校和研究机构开展海外风险评估的事业；（2）挑选有条件、有基础的合作伙伴，如著名高校的国际关系学院或研究所，交流合作意向并确定具体责任目标；（3）试行年度报告（蓝皮书形式），面向社会和企业公开出版发行，成熟后再推半年版和季度版；（4）召开专题研讨会，分析这类风险评估报告的成绩与不足，借助媒体向更广范围的社会公众传播知识，帮助提高中国公民的国际化水平。新时期的"外交为民"方针，要落到实在的思路和举措上。

3. 社会参与

在今天的外交实践中，"社会世界"（societal world）正在崛起为继"政治世界"和"经济世界"之后的第三种力量。把社会世界包括进来的大外交格局势在必然。我们政府能否重视调动社会、民间、地方、学界、商界、媒体、体育界、科技界、工青妇等方面的积极性，把它们各自的对外交往特殊渠道，与外交主管部门统筹协调、相互配合，是形成多层次、多色彩的大外交格局的关键。

就中国目前的情况而言，首先，需要更加巧妙灵活地应用公民社会的自组织能力，使新时期中国在海外的扩展不只是国家（政府）的作用。比如，未来中国外交实施对外援助时，不必事事都由政府出面，由使馆等官方在外代理机构直接组织，相反，可以让民间慈善机构、教育部门特别是有基础的高校、农业大省的技术指导部门、医疗单位的专家和技术人员、共青团或全国青联的各级干部参与其间，以其各自有专长、有基础、有优势的方式推进。外交部非洲司和教育部在落实中非峰会精神中的尝试，就很值得肯定。所谓"20+20"计划（中国的20所大学与非洲大陆东西南北的20所大学对口合作）和"10+10"方案（中国的10个研究机构与非洲的10个智库建立姐妹关系），是由外交部指导、财政部资助、教育部要求、有关学校和研究机构落实的新举措。根据我个人的具体观察，北京大学非洲研究中心作为其中一个参与方，在选择合适伙伴、拟定合作方案、确定自身参与人员及方式的工作上，相当用心也有创新（如每周推出的"北大非洲电讯"）。

上节提到的领事保护工作，也是好的案例。解决这个矛盾的一个思路，是调动其他方面的积极性，让国人"高高兴兴出国，平平安安回国"的目标，成为整个社会用心的事情。商务部和行业协会可以开展企业的人身保险教育，建立个体经营者出国的自保培训；中联部、统战部、全国侨联等可以强化民间组织的危机援助体网络，鼓励各种慈善机构在海外危险地点进行协助工作，提供国际安全领域各种NGO（非政府非营利机构的英文简称）的联系网络；公安部和安全机关可以在这方面协助外交部，确立国家间警方和信息系统在领事保护方面的沟通互助；有能力的大学和研究机构可以为有关人员和单位进行培训和开设课程；诸如此类，不一而足。只要有要求、有鼓励，各部委和社会各界在对外交往上就会有无数的创意。

图27　"中非高校20+20合作计划"启动仪式（2010年6月）
来源：北京大学网站（http://pkunews.pku.edu.cn/xwzh/2010-06/08/content_177028.htm）

其次，作为一个地域广阔、富有各地特色的多民族国家，中央政府特别是外交部应当鼓励各级地方政府的外事机构有更大的创造性。举例来说，中国西北方向的各个省区，一向与俄罗斯和中亚国家有密切联系，它们在打击"三股势力"、推进中外宗教理解与能源合作方面的地方努力，构成中国整体对外安全和经贸合作关系不可或缺的要件；西南各省与湄公河流域各国在这条多国水域的复杂关系（既有合作也有分歧，如水利开发领域），是外交部门必须重视的一个方向，也是中国与东南亚国家整体关系的组成部分，在这方面地方政府的积极配合（地方对外经贸平台、边境安全合作安排）很有特点；沈阳军区和东北诸省，一直承担着维护东北亚地区稳定、防备不测局部危机事态的艰巨任务和压力，工作卓有成效。说到底，地方外事有其独到的意义，有中央外交无法代替的内涵，发挥与否、作用大小，对于国家大局、地方发展与稳定都不一般。从目前情况看，还有很大的改进余地：几乎所有地方外事部门，尚未建立与外交部和高层对外决策机构的机制化联系方式；一些有充足经贸资源和多样交往平台的省份，并没有将这些优势与国家的大战略对接；地方政府的外事权限十分有限，因而无法开展一些本来想落实的计划；一些偏远省份和落后地区缺乏外事人才，当地高校和研究机构基本上没有这方面的专业设置和课程体系。这是就一般情况而言的，实际情况更为复杂：比如北京、上海、广东少数地方高校和研究机构与外交部的联系就比一般省份要多得多，研究力量和水平也不可等量齐观；国家社会科学基金和教育部重大课题的涉外项目,这几个直辖市和重点省份承接的分量也远非其他地方能比,从而加剧了研究力量和人才配置的不均衡局面。

今天世界的社会和政治结构正在转型,从比较简单的结构向更加复杂的方向演进。外交的形态、目标、来源、路径、工具、实现方式等,不论主动自觉与否,都在产生相应的改变或调整。多轨理论(multi-track diplomacy)①,讨论的正是这样一个趋势。它表明,处理冲突和缔造和平,发展国家间关系,并非职业外交家和官方程序(即"第一轨")的特权,正式的政府体系之外的外交手段(多轨渠道)也可以有效发挥作用,这些手段如宗教团体、教育机构、社会组织等。随着冷战的结束和国际形势的深刻变化,世界相互依存的整体性日益加强,传统主权国家显示出更多局限性,新的问题和真空大量出现,各种可供选择或替代的方案层出不穷,新的行为体和积极性大量增加;这时,"多轨"可以更好地涵盖公民和社会参与外交的多样性、广度和深度。概括地说,可以把当代新外交的参与者、解决问题的渠道以及观念的扩展,归纳为九个层次(所谓"九轨"):第

---

① 参见〔美〕路易丝·戴蒙德、约翰·麦克唐纳:《多轨外交》,北京大学出版社2006年版。

一轨,政府传统渠道,如议会、行政部门、联合国代表处等,使用旧式的官方正式交往方式;第二轨,非政府的专业人士,如研究国际问题的专家学者,更多使用专业知识与技能分析问题和提出建议;第三轨,商业渠道,如企业家利用自己的财力与市场手段,提供就业机会或产品,缓解国际冲突或调解国家间矛盾,这也被称作"商业和平进程";第四轨,公民个体的参与,如私人志愿组织或交流计划,为和平发展做出贡献;第五轨,培训和教育过程,通过广义的"学习方式"缔造和平,大学在这方面起着关键作用;第六轨,社会行动与倡议,如人权、裁军、环保方面的社会团体和利益集团所发挥的国际影响;第七轨,宗教教化方式,如各种宗教团体和非暴力倡议信仰团体的道德宣扬活动;第八轨,慈善与资助活动,如各种基金会和私人慈善家推动国际和平的努力;第九轨,信息传媒的角色,如公共舆论、电影、电视、广播、艺术等领域人士的国际倡议及活动。这九个轨道各有专长与目标,彼此间相互联系,可以共同追求与合作,弥补传统官方外交的不足,开辟新的国际空间。人类世界本是一个整体,在过去因各种原因而支离破碎,现在的多轨外交重新加强要素间的联系与正能量的释放,在填补传统外交缺失的同时,朝着体系化的和平与合作做出推动。

不难看出，"多轨外交"学说与"大外交"格局是互补的。与理想局面对照，中国现实的距离依然很大。在世界很多国家和民众的心目中，中国的声音更多是由政府和政治领袖表达的，中国的形象主要来自于经贸领域吃苦耐劳、四处奔波的中国工程队，中国的对外影响渠道不如其他欧美强国多样、灵活。这些形象与声音多少显得单薄、片面，与中国深厚的文化历史底蕴和当代飞速的进步不相称，与国人的想象与外部多数国家的期待有距离。设想一下，假使我们的工青妇和社会团体有更多自己的表现方式，假使我们的艺术、宗教、文化、教育工作者更多在国际场合提出倡议，假使像马云这样的民营企业家在调解国际热点问题上想出自己的巧妙点子并全力付诸实践（像比尔·盖茨对消除世界范围艾滋病问题所做的努力那样），假使《南方周末》和《环球时报》能像《纽约时报》和BBC那样在达沃斯论坛上主办有关全球治理和头脑风暴的专题辩论会，

图28　《多轨外交》一书中英文版本封面

假使中国的科学家在国际气候大会上拿出不一样但特别有说服力的新减排方案，假使北京大学、清华大学等著名中国高校的智库研究出了堪比"奥斯陆进程协议"的朝鲜弃核路线图并得到有关各国决策部门的重视，假使海南"博鳌亚洲论坛"上出现了像地中海岛国马耳他首倡的"人类共有遗产"或罗马俱乐部提出的"增长的极限"那样的新概念新思想且得到国际社会采纳……诸如此类，假使我们能一口气列举出更多出自当代中国社会和公民的国际关系倡议和国际法先例，中国才算一个真正的风范大国和全方位的世界强国。我们的外交部门和高层政治决策者，不应把外交领域日益增多的社会因素和公民表达，看成是可有可无的东西，而应将之视为新时期外交发挥作用的有机组成，看成是外交转型的重要目标。

4. 处理不同利益

前面的探讨证明了社会变迁的积极影响，证明了人的因素特别是公民社会影响力的上升。但是，正如事物都有两面一样，社会结构的分层化多元化，同样包含了消极的、复杂而不确定的后果。近年来国内政治学、社会学界广泛讨论了利益集团现象，提示了许多有趣的看法和启示，很值得外交部门和外交学者借鉴。总体而论，随着中国改革开放进程的持续，中国社会政治结构一直发生静悄悄的演进和层化过程，带来过去从未有过的新情况、新问题，其中既有好的动向与成就，也存在值得注意的后果。例如，就业和个人发展专长方向，一改从前那种只有工农商学兵少数几种类型的局面，出现了层出不穷的新岗位、新职业；各种人群不仅自我意识更加强烈，也有了更多增进认同、促进社团建设的组织化倾向；尤其在逐渐富足起来的地区（如沿海省份）和受过更好教育的人群（如城市居民或年轻白领）那里，人们开始寻求政治上的更充分表达和促进本群体利益的施压方式（如特定事态上的法律保护或媒体曝光）；比较有经济实力和善于运用大众传媒的部门、企业和阶层，越来越多直接或间接地要求得到政治参与和决策考量的机会。此类变化甚多，限于篇幅，就不展开论述。关键是，这些都属于一个国家现代化发展进程中必然形成的社会层化、结构分化、政治变迁的重要内容，是开放和进步时代的积极后果，一般而言是值得肯定和鼓励的现象；但必须看到，社会层化和多元化也有其特有的弊端，其中之一是，在各种利益集团中，财力雄厚的或政治联系广泛的那些部分，会竭力利用自己的优势与长项，在"帮助"各类官员和各级政府的过程中,争取本企业、本利益集团甚至个人的利益得到优先照顾或优惠。这就是所谓的"利益相互输送"(委婉的表述)或者说"权钱交易"(更直白的说法)。现在媒体已经揭露了发生在国内政治社会生活中的大量类似现象,那么外交部门或外交官能够"免俗",或者说对此类现象有先天的"免疫力"吗?说实话,我不太有把握,虽然感觉上外交领域至少比国内政治领域情况好一些。"以人为本、外交为民"是一个大的要求,具体到实践中如何落实它?所谓"人民",抽象意义上指的中国的所有公民、整个民族,实际分析起来就不简单了。一个相对落后地区的人群是人民,相对发达地区的也是人民;贫困的农民工、外出打工者是人民,富有的石化钢铁企业的职工也是人民。如何代表大相径庭的各种"人民"?如何保障在海外的国企员工、个体经营者和打工者、留学生和游客等万千中国人,为他们提供必要的法律咨询建议和外交领事保护?在某些紧急情况下,例如撤退某个战乱国家的所有中国工程人员和家属时,在给定的资源面前,谁能获得、如何得到外交官和军队及政府各部门的援手?如何区分合理的、必要的、可能的诉求,与不合理、不必要、无实现可能的诉求?

图29 中国出动军舰赴也门撤侨（2014年3月）

来源：环球网（http://opinion.huanqiu.com/editorial/2015-04/6064101.html）

此际，我想到美国及欧洲国家国际关系和外交学教材上经常提到的典型案例：西方一些著名的大型跨国油气公司，在投资对象国出现危及本公司的事态时（例如当地新政府宣布将外资油气田国有化或没收部分外国资产），直接游说美国国务院、中央情报局，甚至借用五角大楼的力量，让美国政府机构保护美国垄断财团的海外利益，甚至不惜以牺牲国家利益和外交形象为代价做到这一点；在拉美和非洲过去半个多世纪的史书上，充斥着此类少数利益集团绑架政府议事日程、占用大量军事和外交资源的丑闻。当然，中国是一个社会主义国家，我们的政治制度绝不会允许也没有可能让这类肮脏情节在国家对外关系上重演；中国外交人员的高素质和敏锐的大局观，也是避免重蹈西方同行覆辙的重要条件。但是，如何服务各类人群，尤其是如何在外交人员和资金有限、出国人数和各种海外利益却在飞速扩展的前提下，推进为人民服务的事业，却是真真切切的外交难题，是需要确定先后次序、"把好钢用在刀刃上"的新型课题，是外交部门和政治决策层需要严肃对待并细致处理的艰巨任务。

二、外交规划的要点①

一个与时俱进的外交体制，必须具备自身的长远规划，能够吸纳各方面的杰出人才，同时善于协调与其他涉外部门的关系。从这个角度分析，中国外交有自己的特长和成就，也有一些盲区与改进空间。

1. 预见与计划

历史上的外交与今天的外交，有着巨大的差别。几个世纪的演化，使得早期的形态让现在的人看起来觉得可笑，而现在的形态可能在未来几百年完全变样。从这个意义上讲，顺应全球性的外交变革，主动推进中国自身既有需求也符合国情的外交转型，是中国外交理论研究和外交实际工作的重大任务。

各种文明在不同历史阶段的差异且不论，一般研究

---

① 本节和下节主题在笔者的另一部著作《中国外交十难题》里有过论述，此处根据新的情况与需要做了补充。参见王逸舟：《中国外交十难题》，江苏人民出版社2015年版，第132—149页。

者都同意，现在各国公认的外交形态，始于近代西欧。15世纪晚期，意大利半岛最先出现了由主教代表教廷或国王进行的对外沟通活动，通常是代表皇室或教会进行有关信仰、皈依、皇室联姻的对外联络与谈判，这样的专门代表履行了类似今天政府领导人特使或外交家的使命。1626年国王路易十三时期，法国成立了世界上第一个外交部，派出和管辖着驻重要国家的大使。英国、美国等国在18世纪后期建立了分管对外事务的外交部和国务院。19世纪以降，较发达的国家陆续建立了这样的专门机构，外交部门成为现代国家制度化的科层组织的标志性部分。礼宾司、条约司、侨务管理、签证安排、国际法律的审视与执行等成为最早的业务部门和内容，领事、国际会议的组织、对外贸易、收集不同国家与区域的信息、高层次的沟通交流、向国家政治高层提出政策建议等，越来越成为外交部门不可或缺的工作内容。今天，联合国体系内的多数国家沿袭了这样的体制，虽然叫法上仍有差异，功能也不尽一致。例如，有的国家叫做"外交与联邦事务部"，有的叫"对外关系部"，有相当的国家把外交与外贸放在一个部门，也有很多国家把它们分成不同的部委。外交部有专门的级别、头衔、财政预算及工作方式。外交部代表国家及其领导人执行的使命一直很重要。"直到今天,在几乎所有国家,这一点保证了它是中央政府中最显赫的部门。"① 近代意大利和教皇属下的外交特使大使之类,多半由皇亲国戚担当,讨论的主要是皇室间的联姻、土地分割、宗教归属及宣战等事宜;20世纪以降,一百年间,全球冲突、世界革命、民族解放、帝国主义等"高阶政治"议题,长期占有各国外交的中心位置和资源的主要配置;最近几十年,随着信息化和传媒革命的到来,全球经济一体化和相互依赖进程加速,各国内政出现了民主化、科学化、专业化趋势,对外关系形成又一轮调整与变革浪潮。

不管各国有什么细微差别,外交机构内部分工的日益细化,新设置的不断增加,适应内外形势做出微调,是外交机构发展的趋势。从功能和任务的变化看,信息化时代带来的最显著改变是,传统的秘密外交受到公共外交及各种透明外交方式的冲击,职业外交官之外的各种非政府行为体扮演了日益活跃的角色,多边外交成为旧的双边外交活动的重要补充,非传统的议题所占的比例逐渐上升;外交实力、外交风格、外交官承担的信息交流等使命继续存在的同时,外交部门不得不熟悉昔日

---

① 〔英〕杰夫·贝里奇:《外交理论与实践》,北京大学出版社2005年版,第8页。

不太熟悉或没有必要了解的更多业务，如恐怖主义、经贸协定、气候变化。不过，外交的经典内容依然存在：代表整个国家的利益；促成首脑会晤和达成国家间的重大协议；在任何时候体现着国家的形象，象征着民族的对外声音；促进或保护海外利益尤其是侨民和国人在外的利益；获取驻在国及国际上的各种重要信息，及时、准确、充分地传递进来；参与政府最高决策层重大事务的决定，尤其在内政外交密不可分的今天。① 一般国家如此，大国强国更是这样。从国际经验看，一个大国的外交，至少包含以下目标：（1）保护本国的海外公民；（2）塑造自己国家的海外身份与影响力；（3）维持稳定或防御外部威胁，维护领土完整与社会和谐；（4）促进国际贸易与区域经济的繁荣；（5）必要时干预涉及国家利益的海外危机；（6）与其他大国共建稳定的国际秩序；（7）保护全球公共事物和提供国际公共物品。大国外交部门的设置与预算安排，与这些目标或功能密不可分。②

值得注意的是，从欧盟等较先进地区的情况观察，

---

① 〔美〕康威·汉德森：《国际关系——世纪之交的冲突与合作》，海南出版社 2004 年版，第 187—219 页。

② 〔英〕克里斯托弗·希尔：《变化中的对外政策政治》，上海世纪出版集团 2007 年版，第 46—47 页。

发达国家的外交机制正在发生一种"扁平化"现象。其表现为,传统的官僚系统功能依然存在,但不断受到精简的压力,而新的组织机构及功能的形成,多与信息化时代的趋势对接,与国际化的新动向适应,与专业领域出现的新挑战关联。例如,气候变暖问题在议事日程上的前移,使各大国的外交部门建立了与科学评估和分析相关的应对机构;联合国事务和对外援助事务重要性的上升,使一些国家的外交部门建立了与联合国及国际组织相关的司局;极地开发前景的出现和有关国家竞争性的加强,使邻近极地的国家开始设立北极大使专员、极地特种部队;国际金融危机和相应改革压力的增强,促使发达国家的外交决策部门吸收金融专业人士加盟团队。外交任务的多样化、复杂化和专业化,要求外交领导部门安排专门的预算、机构和设计单位规划新的布局,培训(轮训)在职人员,强化外交部门自身的学习与适应能力;社会与公众(包括媒体)各种压力的增加,迫使政治决策层和外交首长思考这样那样的公共外交手段与策略。总之,外交机制的变动,像章鱼的触角,伸向更大范围。

中国作为全球利益日益增多的大国,外交部门应当在外交规划中增加保护海外公民、塑造海外身份、提供全球公共产品的内涵。在未来全球变化（及不确定）的大背景下，能否增强自己的介入能力，能否提高塑造全球变化的能力，能否预设目标、下出"先手棋"、防范于己于人不利的势头，让历史学家最终判断说，中国成为21世纪初期带动国际政治良性化的积极因素？如果答案是肯定的，我们的外交体制机制需要做出哪些规划，资源投入和人才培养需要做出哪些调整，现有的构造里哪些合适、哪些不适、哪些缺失？尤其考虑到国内新的改革前景与社会变动，我们的外交规划如何能既服务于国内需求，又在国际上趋利避害？这些问题都值得好好思索和统筹。

就中国外交部自身最近一二十年的变化来说，不难看出同样的趋势：比如，传统的官僚科层体系在各方面压力下没有大的增长，纵向层次的人事、资源、编制在国务院机构改革的大背景下被要求或者压缩或稳定不增。据我所知，外交部每年进人的指标非常有限，仅仅按照一般部委的规格安排，更上层的人事部门这方面完全没有考虑外交部的特殊功能，尤其是当下急剧增长的领事保护任务。当新一届政府领导人向社会承诺不增加机构编制和人员指标时，外交部门自然也无法强调自身的特殊性，期待有什么重大幅度的进人指标增加。但另一方向上，在横向层次，则由于实际工作的需要，不断出现建立新的机构、人员、配置和战略安排。最典型的是领事机构及相关使命的扩展，包括全球呼叫系统的设立、便民窗口的增设、生物识别鉴定的护照签证方式的尝试、更多领馆及领事人员的规划与招募、救助方面的需求所推动的部门联动和协调方式的机制化等等；看看外交部的网页及新闻发言人面对记者时宣布的内容，就可知领事保护方面的业务有多么巨大的增长、体制机制方面的内涵有多么复杂的变化。再一个事例，是外交部一些新的司局与专门机构（特使）的设立。看看最近十几年外交部下属司局的名册就会知道，除传统的分管地区和国家事务的司之外，政策规划司是原有政策研究室的扩大，新闻司是早期新闻发言人制度的提升，涉外安全司、裁军与军备控制司、边界与海洋事务司、国际经济司等均可谓新世纪的产儿；"中国政府中东问题特使""达尔富尔问题特别代表"（后来提升为"中国政府非洲事务特别代表"）、"中国驻东盟使团及大使"、主要负责调解缅甸问题的"亚洲事务特使"、朝核问题办公室、上合组织秘书处等常设专员及组织机构，都是近年间设立的，反映中国外交之全球角色的不同侧面。可以说，这种扩展势头，反映出中国外交机构的进取，也是对世界潮流的跟进。

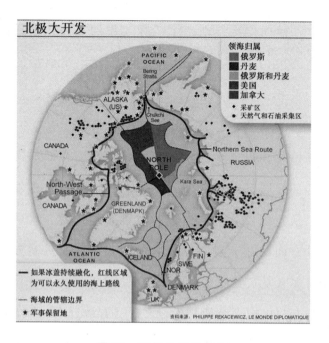

图 30　围绕北极的争夺

来源：网易网（http://money.163.com/12/0802/17/87TTU4A800253G87.html）

现在的问题是已有的努力远远不够。我的观察是，很多变化并非精心研究、前瞻建言的结果，而更多来自高层领导的要求或外交首长出国访问期间的"灵感"，属于某种"撞击反射"的调整；我们的外交部门及领导处理的日常事务太多、任务太重，坐下来仔细思考、学习、分析的时间相当有限，无法做出系统长期的规划。我个人认为，现在迫切需要研究的是，根据国际国内变化趋势，未来五到十年乃至更长一段时间里，我们的外交体制机制还会出现什么样的"增"或"减"？例如，世界大国现在越来越重视"高边疆"的价值及开发，也有更大的投入。所谓"高边疆"，指的是物理的、地理的边界之外的新处女地，指国家发展、民族强盛的新高地，如海洋特别是深海大洋、极地特别是北极、外空特别是近地空间，以及金融和电子等非物理的重点攻关领域。瞄准这类高边疆的大战略，才能收事半功倍之效。俄罗斯新近增加了北极地区的军事存在，建立了最早的北极军团；美国国务院近期也设置了北极事务特使，安排专门的经费与人员照料极地事务；北欧国家和加拿大也有类似的动作，这些发达国家在未来几十年可能成为开发热点的极地事务上不仅有更多关注也有更大投入与外交布局。与发达国家对比，我们的外交功能机构有哪些短板？外交如何有相应的研讨、设置和资源安排，在新人招募和现有外交官的培训中增加这方面的要求？如何变不自觉的适应，转为更加主动、未雨绸缪的战略调整与先期投入？尤其是，如何让社会公众和媒体广泛认知外交体制机制"扁平化"的必然性，如何向政治高层和决策者解释推动相应改变及革新的重要性？古代先贤讲得好：凡事预则立，不预则废。

这里，再讲一个事例，说明放宽眼量和长远规划对中国外交的必要。近一时期，随着中央"一带一路"大战略的提出，外交界和国际关系理论界有关中国公共产品的讨论显著增多。但在我看来，多数人并没有搞清楚什么是国际公共产品，"一带一路"与公共产品有什么异同，中国已有的外援里哪些有自身优势、哪些需要补足或增强。

　　严格地说，公共产品具有非竞争性、非排他的特点，是指所有人（国家）可以享用的、主要由政府提供的物品（或服务）。在世界范围，公海上的灯塔、联合国的会费或南极条约就是一般的国际公共产品。据此标准衡量，"一带一路"最多是准国际公共产品，是区域性公共物品；或者，它更像介于我国战略对外援助（投入）与我国提供的公共产品之间的一种形态，类似过去我们国家对非洲援建的"坦赞铁路"，或者说是上合组织战略投入的某种扩大版。应当说，这些战略投入是必要的、有中国优势的，但同时要看到，与世界强国，尤其是美欧主要大国比较，中国的这些战略投入无法完全代替国家对于国际公共产品的设计与投入；在后面这个领域，西方发达国家几乎垄断了全球性公共产品的生产和供应，而我们国家没有多少贡献，我们的干部与媒体也缺乏足够的意识。全球性公共产品的典型事例，有GPS等面向全球各国的卫星导航系统，有各国电脑和手机软件使用的通用程序，有防止全球油轮泄漏和其他海洋倾倒废物方面的国际准则，有麻疹疫苗、天花疫苗等产生广泛治愈成效的药物及知识，有阻止小行星等宇宙物体撞击地球的手段，有各国飞机、船舶相互间沟通所用旗语及标准信号的确定，有国际法庭处理各类海洋纠纷的通用法理，有保护臭氧层和限制温室气体排放的《京都议定书》《维也纳公约》及《蒙特利尔议定书》，有《全面禁止核试验条约》和各种核安全标准，有禁止国际恐怖主义言行扩散或禁止生殖性克隆的国际协定，有本初子午线、闰秒、格林尼治时间等世界时方面标准的确定，有国际海洋法公约和其他禁止过度捕捞某些海洋生物品种的规定，有联合国安理会关于免遭种族灭绝、战争罪、危害人类罪的决议案等等。① 仔细观察它们就会发现，这些方面中国人的贡献不多，与我们国家的人口比重、经济权重和历史文明完全不对称；真正形成全球性公共产品和服务的动因创意、草案决议、公共产品和服务，多半出自美欧发达国家。中国的决策者和规划部门应当懂得，真正的全球强国，不止能够给朋友提供帮助、对敌手施

---

① 参见〔美〕斯科特·巴雷特：《合作的动力——为何提供全球公共产品》，上海世纪出版集团2012年版。

加威慑,更可以向所有国家和整个国际社会提供所需要的物品、服务与规则(包括思路和智慧)。我们过去援建的"坦赞铁路"和今天规划的"一带一路",是逐渐崛起阶段的新兴大国的准公共产品,但还不是全球性公共产品,尚不足以让全球社会感受到中国的意愿与引导。

图31 中非工人共筑坦赞铁路
来源:新浪网(http://news.sina.com.cn/c/p/2009-08-23/112918493755.shtml)

市场化的环境下,中国人目前比较熟悉和愿意提供有经济收效和看得见成果的战略外援,这类战略外援占有比重太大,而容易忽略着眼长远和国际制度层面的、可惠及全球其他地区和人群的国际公共产品,后者迄今为止只在我国援外战略投入中占据非常小的比例。也许,这就是新兴大国与老牌强国的某种差距吧。

2."旋转门"的启示

新时期外交规划的另一内容,是外交队伍来源如何多样化,外交官如何具备更宽广的知识和更好的协调能力。当下在中国,有越来越多的人讨论如何借鉴发达国家的"旋转门"机制。"旋转门"是一个形象的说法,指外交人员来源有不同方向,现实里它在发达国家比较常见。所谓"旋转门"(revolving door),形容一个不停旋转的大门(入口),便于各个方向的人员进出。在美国,众所周知,外交官不仅有一部分毕业于外交学院或外语专业,也有相当一部分来自其他部门和社会领域,比如从企业、军队、商务机构、政府其他部门、高等院校或研究部门的精英中选拔。这样的做法有利于外交官的视野扩展,也有利于增强外交机构对各方面的协调性,有利于扩大各方面对外交的关注和参与。

这里不妨再回顾一下外交史。

在世界的不同角落与发达程度不同的国家,随着时代的不同特点及要求,有关外交人员的知识结构和背景的标准可以说大相径庭:在16世纪晚期,欧洲国家担任大使的人,"应当是训练有素的神学家,对亚里士多德和柏拉图的学说应当了如指掌,而且随时都能以正确无误的辩证方式解决最深奥的难题。他在数学、建筑、音乐、物理以及世俗和宗教法规等方面造诣甚深,能用流利的拉丁文交谈和写作,同时必须精通希腊文、西班牙文、法文、德文和土耳其文。他既应是熟读经典著作的学者、历史学家、地理学家和兵法学家，也必须具备欣赏诗歌的素养。首先他必须出身名门望族，家财万贯，而且仪表堂堂"①。这反映出近代早期西欧国家对选择外交官的极其严苛的贵族式标准。

到了20世纪，特别是二战之后，外交人员逐渐变成了跟教师、医生、工程师一样的专业职业，有专门的学识素养、入职标准、工作规范、晋升台阶的国家公务员，也是受到大众社会尤其是年轻人广泛尊重的一种就业方式。不论背景或知识如何，所有外交人员的一项本质要求在各国是相似的，那就是：外交人员属于社会精英，而且能够代表国家。"他们是国家在海外的象征，在天资和训练所能做到的范围内尽可能给人以积极的印象。他们应当了解、欣赏并在某种程度上体现本国的文化传统、科学成就以及政治制度建设的成就。当然，他们必须是本国公民（除美国近年制定的法律改变了有关规定外，他们的配偶也必须是本国公民）。外交官非经本国政府批准不得与外国人结婚，除非他们不想继续当外交官了。（在任何国家）政治审查一直存在，有时还正式宣布。"②

---

① 〔美〕马丁·梅耶：《外交官》，世界知识出版社1998年版，第151页。

② 同上书，第162—163页。

不过，经过仔细比较和分析就会发现，在如何选择外交人员，外交官应有什么知识结构与社会经历（背景），哪些渠道是可以想象和预期的、哪些仅仅是少数国家特有的方式等诸如此类的问题上，各国仍然存在极其不同的理解与做法。比如，有不少国家的高级外交官有军事背景（要么有过从军经历，要么毕业于重要的军校）；有许多国家要求从特定的涉外院校中挑选，如法国的全国行政管理学院被认为是重要的来源，牛津和剑桥两所大学直到20世纪70年代前期一直占据英国外交部人事政策司录取考生的三分之二左右，在东欧剧变前的匈牙利，所有希望进入外交界的人首先必须考入卡尔·马克思大学；非洲许多国家的外交官事实上来自所谓"酋长级"的人物（中学或大学校长、铁路工会领导人或部落酋长本身）；也有一些国家只要求大学文凭（例如，在以色列，只要获得大学学位，无论专业如何，均可报考外交职位）；有的国家考虑到外交官可能奔赴地点的艰苦复杂与危险而不太鼓励录用女性求职者；有的国家事实上鼓励外交世家的扩大（子女继承父母外交生涯的比重相当大）。即便在明文规定考试录取外交人员的国家，实际做法也很不一样：苏联和东欧国家的外交人员，早期的知识背景基本上不脱世界经济、国际法和外交史加上外国语这几项，而有些国家录取时更加看重电讯、文秘、档案、财务、外语、行政管理这类业务能力（以及所学知识课程之类），因为录用后的主要方向是外交部内的行政单位和领事机构。

对外交人员的录用制度，还与特定国家关于外交的职能、外交部门的权限范围的构想联系在一起。例如，在美国，由于二战结束之后制订的《外交人员法》，把政府在战争期间获得的几乎所有国家职能归到国务院掌握，因此国务院负责人事录取和选拔的部门，除了既有的考试录用渠道之外，大量起用了其他来源和渠道的人员，并根据当时美国的全球需要，强调"必须吸引并保持经济、农业、公共事务、行政管理、政治事务等等方面的第一流专门人才"，尤其在实践中大量增加了在国务院总部任职的外交外事人数（1946年时美国外交官总量仅为825人，其中多数在国外工作）。从目前情况看，应聘美国外交职位的人在申请时，除了如实填报个人信息之外，还需要在五大类外交岗位中做出选择。美国国务院将其外交岗位分为五大类，即领事官员、管理官员、经济事务官员、政治事务官员和公共外交事务官员。所有符合报考条件的应聘者都将参加无差别的选拔考试。应聘者在通过一系列考试后，国务院将根据驻外岗位需求和应聘者的职业倾向将他们列入不同的候任序列。外交官测试（笔试）类似于中国的国家公务员考试，只是更偏重于考查与外交工作有关的内容。笔试主要包含4项内容，即工作知识测试、英语能力测试、生活阅历考察以及写作水平测试。其中的生活阅历考察，主要是了解应聘者解决疑难问题、处理人际关系和接受其他文化的方式和能力。而在工作知识测试中，既有对美国基本政治制度、政府管理、法学、经济学、传播学以及世界历史和地理等基本常识的考核，也有对基础数学、计算机等应用科学领域的测验，内容相当全面。虽然仍有相当多的美国普通民众对外交工作存在误解，以为只有国际关系或政治领域科班出身的高材生才有资格担任外交官。事实上，美国外交工作涵盖的范围非常广泛，也招揽各种各样的人才。除了传统意义上的政治和国际关系人才，还强调需要法律专家、经济管理人员、金融学家、IT工程师、建筑师、新闻工作者甚至医学专家。一方面美国国务院设有面向外交人员的语言培训项目，同时根据美国的相关规定，熟练掌握阿拉伯语、汉语、普什图语等稀缺语种的应聘者将在应聘外交官时获得特别加分。

　　总体观察，近年来随着各种需求的增多，上述"旋转门"的特点显现得更加突出，有越来越多的驻外大使或驻外人员来自于职业外交领域之外的领域,而且其中一些与政治权势人物的偏好、竞选期间获得的赞助有关;自然这也引起争议,包括职业外交官圈内的不满。很多发达国家和新兴大国也在采纳类似的办法,即一方面依然倚重传统的外交人员录取渠道和提升方式,另一方面为推动外交变革与创新,促进外交部门与政治高层新方针的对接,或者加强各主要涉外部门间的沟通协调,也采取了多种做法补充丰富外交人员来源与晋升路径,比如在行政官僚上面设置政务官、适当选择其他部门和大型企业的高管担任高级外交官、加强初级外交官选择时的多元选送途径、改变只是凭借外语和简单的国关知识录取新人的做法等等。特别是随着前一段提及的世界信息化多元化浪潮的到来和各国内部社会层化过程的加强,外交人员录取和晋升机制的"扁平化"扩展趋势在持续推进。

比较而言,中国现有的外交官录用、招聘和晋升制度,更多还是源于所谓"苏联模式":初级外交人员主要来自于外交学院、国际关系学院或少数重点高校的外语或国际关系专业;国家公务员考试是录取的主要标准,考试内容是一样的,不特别涉及外交与国际关系领域;学生在校期间的课程(理论上)主要包括国际政治、外交学、当代世界史和世界经济；外交部的人事机构更多期待依靠入部培训和（特别是）实践经历造就合格外交人才；晋升台阶严格遵循资历、年限、部内的工作表现及主管部门评价等路线；除开"文化大革命"前后的特殊时期，部外单位出身的高级外交官数量很少。这种录用机制的主要优点是：不同阶段外交总体方针、内容及风格有很好的连续性；各个层级的人都有稳定的晋升预期；录用者通常具备优良的外语条件。但它的不足也显而易见：知识结构比较单一，不太了解其他部门的情形与思路，有时无法适应新的国际谈判领域和博弈技巧；无形中造成中规中矩的保守做法，对有创新的思想、做法及"新人"缺乏激励。在国内新一代政治领导人重视打造改革发展"创新版"的氛围中，上述机制的优点容易变得暗淡，而缺失的部分则更容易受到关注和质疑。

图 32 王毅出席外交学院开学典礼（2014 年 9 月）
来源：外交学院网站（http://zs.cfau.edu.cn/art/2014/9/3/art_114_5461.html）

发达国家的经验表明，一个国家的国际化程度越高，国际责任越艰巨、越复杂，外交人员本身的素质要求越高,其来源变得更加多元。美国和欧洲一些国家就是这方面的典型。众所周知,美国的政府、企业、学界、军方、大型基金会和重要咨询机构之间,存在千丝万缕的联系,交叉任职、互相渗透又相互支持的人事现象极为普遍。大学里的著名教授可以到白宫担任总统国家安全事务助理或者国务卿,政府部长和阁僚退下后回到高校任教更是常见;驻外大使里面既有职业外交家,也不乏总统直接从社会、企业或国会挑选的代表;在华盛顿各个游说集团、智库和研究机构那里,有关当下某个重大事态或政府决策的批评、研讨,不仅有这些机构的常务人员和专家参加,还有很多来自高等学府、政府部门和外交一线的相关人士,会上的讨论与国会相关的听证会一样,多半是面向社会和媒体公开的,公众可以旁听。在此意义上,外交政策不只是外交部门的事务,同样是社会精英的议程和媒体争辩的焦点,公众的国际意识和参与程度都有提升。

反观我国的外交人员构

图33 前美国国务卿康多莉扎·赖斯回到斯坦福大学任教

来源:斯坦福大学网站(http://news.stanford.edu/news/2009/january28/condiweb-012809.html)

成、来源情况和外交决策咨询过程，不可否认的是：第一，以往很长一段时间，实际工作与外交的教学研究基本上是"两张皮"。外交一线的人员不关注学术进展，外交部门不太重视研究成果，而外交教学基本上坐而论道、隔靴搔痒，外交研究过于"干巴"，距现实甚远。最近十几年，情况有所改善，政府（包括外交部门）开始建立与研究界的咨询联系，有了越来越多的项目课题、定期研讨和通气会，学者和教学人员通过多种渠道开始了解了实际政治和外交运作的知识。但比较而论，这方面的相互联系与深入沟通依然不够，外交咨询很多时候形式多于实质，高水平的互动缺乏。第二，尽管近年来外交部在改善人员结构、加强职业培训方面做出重要努力，例如在新招录人员（非通用语言岗位除外）时加大具有国关、国政、法律、经济、金融等专业背景毕业生的比重，但外语条件相对其他技能而言依然是最主要的录取及考核标准；同时，近十几年间外交部门根据中央领导的要求和地方政府的需求，筛选了少量非外交系统出身的干部担任驻外使节，不过总的说来数量很少，尚谈不上高级外交官的多元推选机制。

我的判断是，在我国，公众、各部门和各级干部虽然对于国际事务有很大兴趣，却很少真正了解外交的难处与苦衷，而外交官在繁忙的日常事务之外，也不太有时间和兴趣认真追踪国内变革或问题的由来及走向。尤其一般人对外交始终存在神秘感，加上缺乏了解和参与的渠道，只能从报纸或电视上听一些"真假专家"的评说，因而公众的知情权没有保证，外交的社会基础相对薄弱。上述不如人意局面的形成有很多原因，改进的途径同样不止一种。中国有自身独特的政体和国情，不会也不可能照搬他国模式，但从世界各国外交的发展历史比较，外交人员来源的适度多元、外交决策过程的适度公开，是不可避免的大趋势，也是增强外交的国内支持和社会基础的有效方式。中国不是例外。就改进的大思路及方向而言，最重要的是组织制度方面的安排，即规定比目前更高比例的外交干部，必须是从其他方向选调而来。大型企业、地方政府、高校院校、军队和商务部门都应当给予这方面的机会。"旋转门"的另一方向，是一定比例外交干部的转岗轮训和外出进修，让外交人既有休养放松的机会，也有自我提高的可能。外交干部同样应当有机会到其他部门和单位任职，尤其是涉及外事及国际交往的地方。第三，录用外交人员时，要注意考试科目的多元与新鲜，一方面鼓励外语类、外交学和国际关系专业的学生在学业期间开阔视野、增加各种知识储备，另一方面吸纳非外交专业的优秀年轻人施展才能，特别是进入各个新设置的部门及功能机构，总之是让中国外交体制具备更大的吸附力和延展空间。

参照各国特别是发达国家的经验，中国外交部门应注重人才的奖励机制，建立健全有关法律法规和制度安排。现在军人可以获得军功章，科技人员有国家科技奖，大学和教育机构更设计了名目繁多的奖励手段，而外交人员显然缺乏同样的激励和法律保障。我国现有的《公务员法》也只是泛泛地谈到对国家公务人员的要求及晋级或退休规定，而对于外交官这一特殊职业的升迁和奖惩却无专门说明。公平地说，从对外事工作干部的一般素质和要求而言，新中国自建立后确有原则性的规定。比如，周恩来早在1951年就明确对外事人员提出"站稳立场、掌握政策、熟悉业务、严守纪律"的十六字要求，它迄今为止仍然是外交部本部人员素质的基本要求。外交部在建部初期的《人事守则》中曾规定："德才"是选择干部的基本标准。外交部在20世纪50年代曾经制定过《培养外交干部的十二年规划》（后来修改为《培养外交干部的七年规划》），以中国人民大学、北京外国语学院和北京大学东语系作为干部轮训和进修基地；1955年在中国人民大学外交系的基础上成立了外交学院，

图 34　外交部机关党校成立 20 周年（2012 年 8 月）
来源：中央党校网站（http://www.ccps.gov.cn/lps/tpxw/201209/t20120918_25062.html）

作为外交部直属的培养中初级外交官的单位。从 20 世纪 90 年代中期起外交部建立了对新进外交人员的入部培训制度，内容包括外交办案、外交调研、外交公文、翻译技巧、领事业务、礼宾业务及一些专题讲座。最近这些年，外交部党校主要针对高中级外交官（大使、参赞和处级干部之类）办了一些培训班，邀请部领导和部外专家做分析讲座，也收到一些成效。有关外事人员的录用、考核、晋升和待遇，外交部在过去的半个多世纪的实践中，也摸索出一套行之有效的办法与规章。

最近这些年，有关部门在建立有中国特色的外事公务员制度和外事立法方面做出一些探索与立法尝试（如 2010 年实施的《中华人民共和国驻外外交人员法》），但国家制度层面的保障并不完备，已有的法律亦未得到广泛传播理解。要看到和承认外交部门这方面与军队国防现代化、教育事业飞速发展进步等领域的差距。实际生活里，现在的中国正在急速地国际化，各方面都迫切需要更多更好的外交干部，外事人员已经不限于外交部下属的外交官与领事干部，而是实际扩展到所有涉外工作、在国家机关或企事业单位中担任外事行政职务的人员。所以，一方面要努力完善外交部自身更完善更有法理依据的奖励机制，另一方面须逐步探索建立符合中国国情又与世界通用做法对接的外事公务员制度及法律法规。这类制度及法律法规应当是系统全面的、透明可期的，包括外事外交人员的录用考核、职务升降、退休安排、法律责任、辞职辞退、奖惩规定、申诉控告等方面；它们一方面要与国家公务员法衔接、避免任何大的冲撞与不协调，另一方面要考虑外交外事工作的特殊性并参照国际范围同类法律法规。比如说，应当规定外交的投入（预算增长）如何与国民经济的增长及领事保护工作的增加保持相应紧密联系，尤其是以人大立法的形式将它机制化和常态化；必须特别说明为何外交官有特别严格的纪律和甄别要求，为何在外的外事外交人员待遇应大大高于国内水平，为何外事外交人员的伴侣和婚姻不同于一般的公务人员，为何外事外交人员的辞职辞退和转业转行需要经过特殊的时限与审核等。放宽眼界，面向社会扩大参与入口，提升外交人员声誉地位，做好相关法律和政治准备，是新时期中国外交能力建设的一个重要方面。

3. 部门协调问题

各个涉外部门间的沟通协调，是中国外交工作日益突出的一个问题。例如，在外援事务方面外交部门与主管的商务部之间的协调配合，或者军方与外交部门之间的关系，就存在值得检讨之处。

国家的对外援助，历来被认为是衡量这个国家的国际影响和综合实力的重要指标。数据显示，中国最近几十年，正在从全球最大的受援助对象之一，变成世界上最重要的援助方之一。这是当代国际关系最有意义的一种变化，也是中国外交、国际战略和商务能力的综合影响的一种展示。但是，与此同时，我们的组织机构和协调能力也有越来越多的问题，用中央外交外事工作的大政方针加以整合的需求，与外交部实际具备的指导力、协调力不足之间的矛盾日益严重。

不难察觉，随着近年我国政府对外援助的数额不断增加，进入对外援助进程的角色也越来越多，涉及的协调内容变得越来越复杂。仅就参与单位而言，光是国家部委这一级的,就有外交部、商务部、财政部、农业部、教育部、卫生部、交通部以及能源管理机构,有难以计数的中央企业、私人公司、地方政府、民间团体、社会组织、学校医院和研究机构,还有许多目前无法进入统计报表的诸多单位与个人。

不过,以商务部为主和牵头建立的援外协调机制,包括近几十年行用的商务部主导的中国政府对外援助布局和实施方式,在实践中暴露出不少问题:其一,由于专业性质的原因,商务部的同志及驻外代表机构(如使馆商务处),无法准确判断和及时预警不同地区和国家的政治动荡与安全危局。迄今为止,我国政府的商务部门(包括商务部本身及下属研究院所)从来没有发布过一部国际上的各种风险评估报告,"走出去"的企业和公众所能依据的,只是中国出口信用保险公司自 2005 年以来不定期发布的一份《各国国家风险分析报告》,它大致讨论了 100 多个国家的经贸状况、商务条件、经济增长情况,而对政治和安全事

图 35 商务部召开《对外援助管理办法》解读媒体吹风会(2014 年 12 月)
来源:商务部网站(http://images.mofcom.gov.cn/yws/201412/20141209112705 91.jpg)

务的探讨基本缺失。理论上，这类分析评估报告当然应当在中央外事工作总体精神的指导下由外交部门组织专家、协调安全机构编制推出。

第二，中国政府的对外援助，主要目标之一是维护和保障不断增长、已经具有全球规模和指导需求的中国海外利益，这些利益不只包括双边贸易、商务投资和国际经济规则修订等事务，更多还涉及我国在外大量公民保护和人身财产安全问题，后者恰恰是外交人的重大专项使命——领事保护，是外交部和驻外使馆领馆的中心工作内容之一。理论上，按照政府传统职能分工，涉及外派劳务和境外中资企业人员的权益保护工作，是由商务部牵头协调的；问题是，每年近百万人次走出去的中国商人和劳工，像占到世界七分之一留学生数量的中国赴外学子，尤其是每年到世界各地观光浏览的八九千万中国游客一样，涉及的绝非只是商务纠纷问题，而是典型的外交领事保护业务。

第三，从现有援外的实际情况判断，各部门不时出现各行其是、与总体方针不同步的情景，它证明了建立统一的"援外总署"或外交协调机制的必要。本人到过50多个国家，经常见到听到这类情况：国内有的单位只管投资，对投下之后效果如何、是否符合当事国国情与技术水平等则不闻不问,事后使馆外交人员陷于"擦屁股""收拾乱摊子"的忙乱之中;有时国内一些大型企业在某些国家投下巨资和大型工程,却由于忽略当事国的政治情势,最终出现了这些工程被迫中断和损失惨重,匆忙中甚至这些企业的员工和家属撤退回国都无法保证,只好向使馆求助、国家被迫动用宝贵外交资源的局面。在国内也遇到类似的问题:我曾参加有关部门"十二五规划"的专家论证会,看到那些属于中国的气势恢宏的全球最大规模投资计划,看到遍及全球各个角落的中国政府商务投资和工业区规划,一方面让人兴奋与期待,另一方面也产生担忧,毕竟这些规划没有与军方、外交部门通气,更谈不上相互照应和统筹,会场上甚至没有一位来自外交部门或军方的人士。说到底,这些不如意现象的发生,多少与现有的商务部门主导援外体系有关系:在商品市场长期渗透的国内风气下面,在只讲赚钱和买资源、不算安全利益和外交账的背景驱动下,很多领导人和媒体公众有意无意听凭商业机构和指导部门管理国际事务(包括援外事务),而忘记了世界各国一个通用做法,那就是:对外援助应当成为国家的战略杠杆,外交部门应当是外援工作的直接规划和指导者。

更紧要、更敏感的,是外交部门和军事部门之间的关系。应当说,在世界各国,这两大部门之间都有复杂微妙的联系,常有摩擦与不协调的状况。中国也不例外,显而易见,它们的通气与配合存在值得改进之处。比如,军方近年的反导实验、防止太空军事冲突的战略准备、海洋方向防空识别区的设置等,看来并未与外交机构商议甚至没有让外交部门及时了解,造成外交人员在一些国际场合的被动无措;外交部似乎也缺乏向国防军事部门定期通报外交形势与我方应对之策的机制,例如在朝核问题上就有类似的情形。一些军方将领明里暗里批评外交部门很多时候过于软弱,而多数外交官私下里对于某些军人的过分强硬或电视上军事评论员的评论相当不

图36 国防部新闻发言人回应设置东海防空识别区（2013年12月）
来源：国防部网站（http://www.mod.gov.cn/affair/2013-12/26/content_4493242.htm）

屑。南海问题近年凸显,国内各方面意见纷争,外交部门与海洋局、军事专家在"九段线"定义和主权问题上的底线就有多种声音,经常让国内公众、媒体和其他国家一头雾水。考虑

到中国崛起的态势和周边国家的各种反应,也从中国新时期新领导层国际大战略的需要出发,我认为,十分有必要建立更加机制化的外交—军事沟通协调机制。

以近年来出现的撤侨任务为例,可以看出主要涉外部门之间沟通与协同的必要。众所周知,走出去的中国人已经遍布全球各个角落,每当他们所在国家发生重大战乱、流行病、天灾或反华排华骚乱事件时,中国政府都有可能采取撤侨行动。这种重大国家行为不只需要紧急调动国内民航客机和客轮,而且需要动用国家武装力量(如军舰、情报部门、军机和特种部队),需要国家财政紧急支付;尤其是,它还需要与有关国家、国际组织甚至跨国网络协商合作,比如为战乱中丢失护照的中国在外公民提供应急旅行证件,租用外国邮轮和客机,飞越与我本无民航协定的国家及战乱区域(拿到有关国家的特殊许可证),通过某些区域性国际组织的安保力量及信息网络为我撤侨行动提供协助,与有关国家海关部门、检疫单位、货运公司等展开紧急协作,向有关国家外交部、内政部发紧急照会,诸如此类、不一而足。在所有这些行动中,驻在国的中国使领馆是启动国家撤侨行动的第一关口,外交部及下属领事保护中心是代表国家统筹整个行动的中枢神经,军队和商务部门则必须按照国家高层决策和外交指令展开协作配合过程。这种重大战略行动不是单一的军方或商务部能够定夺的，但若离开它们的积极协助，外交部同样无能为力或事倍功半。

往另一个方向思考，部门之间意见不相同、对重大国际事务和外交问题存在分歧，并不是绝对的坏事，而是多元化社会和开放时代的一种必然现象，学会适应并且处理好了，能使国家决策过程变得更加科学有效，决策者更加高明智慧，决策本身更好地体现大国民意。

有人也许认为，最近中共十八届三中全会提议建立的"国家安全委员会"，是加强外交与军方及有关要害部门之协调关系的重大举措。我部分赞同这种意见：一方面，新设立的这个委员会，符合了国际上的一般趋势，其显而易见拥有的强大权限，使之有可能解决过去一段时间各部门各行其是、某些重大事态处理不及时的毛病；但另一方面，须看到，国家安全委员会的基本职能，是应对国家安全危机和社会重大不稳定事态，而非解决外交事务和广义对外关系的重要难题，因而它也无法完全代替外交决策机制本身所需的规划与协调。细细研读《中共中央关于全面深化改革若干重大问题的决定》就会发现，习近平特别强调，当前中国面临对外维护国家主权、安全、发展利益，对内维护政治安全和社会稳定的双重压力,各种可以预见和难以预见的风险因素明显增多;现有的安全工作体制机制还不能适应维护国家安全的需要,需要搭建一个强有力的平台统筹国家安全工作。所以,"国家安全委员会主要职责是制定和实施国家安全战略,推进国家安全法治建设,制定国家安全工作方针政策,研究解决国家安全工作中的重大问题"。安全事务与外交事务毕竟是两个不同的范畴,正如社会问题与经济问题既有联系又有区别一样。安全事务的重点是威慑,外交事务的本质是沟通,它们各自的统筹机制理应有所区别。新的改进办法其实很简单,基本思路是:增强外交部门高管在党中央和国务院的数量,它不光涉及外交部的主要领导,同时应当考虑涉外的其他部委和机构,如中联部、国务院侨办、港澳台办;尤其要参照历史上的一贯做法,今后在党中央政治局、书记处和国务院副总理级别上,设有分管外交的专任领导,其职责是协助总书记和总理,对外交、外事、外援以及涉及中国的全球事态进行统一筹划、应对和处理。

三、外交学习的目标

1. 思维的盲区

历史和理论都表明,以往我们意识形态和传统认识论里的一种看法是有偏差、可能造成误导的，那就是：只要掌握了历史唯物主义和辩证唯物主义的法宝，就能预见未来的一切，驾驭甚至战胜任何可能的突发危机。然而，事实是，许多关乎人类命运和国家福祉的事件并没有任何预警和先兆，政府和国民对此毫无思想准备（更不必提实际工作层面的防范），最终的后果严重而持久：远的不说，20世纪90年代初期苏联帝国的崩溃、新世纪初期"9·11事件"、近五年的全球金融危机、中东地区所谓"伊斯兰国"的崛起、不久前西非地区一些国家发生的埃博拉病毒疫情，都属于这类事态。理论上讲，随着信息化进程的深入和所谓"大数据时代"的到来，尤其随着各国内部社会政治的分化层化，以及传统的国家间政治逐渐为多元的世界政治所逐渐替代，现在的国际关系更加难以测定，各种国家与非国家行为体的变动及行为模式愈发扑朔迷离，人类预料自身命运的准确性受到削弱，习惯于传统思维和事态的各国政府应对所谓"战略意外"的能力明显不足。有鉴于此，新的外交变革与转型任务里，提高对突发事件的应对能力建设变得日益重要。新的外交学说和研究工作中，也有必要充实这方面的内涵，将国际国内的前沿探索成果引入其中。例如，如何应用自然科学的新理论，解释国际关系里的

"混沌"(chaos)和"湍流"(turbulence),如何借用航空动力学的思维与方法,处理外交进程中的"突发事件"(emergency),如何掌握现代复杂性科学思维,勾勒世界发展进程日益增多的"复杂性"图谱,如何参照发达国家做法,建立适合中国需求的危机预警和管控纠错机制,就是属于这方面的努力。

研究此类课题,需要借用当代一门新兴科学"复杂性学说"。1977年诺贝尔化学奖得主、所谓"耗散结构"(dissipative structure)理论创立者伊利亚·普里高津(Ilya Prigogine)通过他多年的研究与传播,带来了一种重要的观念,那就是:传统科学信奉的确定性世界观,可能是容易产生重大错觉的思维定式。科学家们发现,不稳定和涨落现象,在从宇宙学到分子生物学的所有存在之层次上产生演化模式。时间可逆过程在现实世界是罕见的,不可逆过程却在我们身边频频发生。它颠覆了传统科学的一个常识,即:人们倾向于认为每一事件总是由在先的某些事件所引起,所以

图37 普里高津所著《确定性的终结》一书封面

每个事件是可以解释或预言的。与强调有序和稳定性的经典科学不同,新的见解是,所有事态、进程、层次上都存在涨落、不稳定性、多种选择和有限可预测性,包括对经典物理学和量子力学的基石——"混沌"现象——的解释。用普利高津的话说,人类"正在目睹一种科学的诞生,这种科学不再局限于理想化和简单化情形,而是反映现实世界的复杂性,它把我们和我们的创造性都视为在自然的所有层次上呈现出来的一个基本趋势"①。如今,这门新学科、新思想被越来越多应用于多个领域与学科,包括宇宙学、化学、生物学、生态学乃至包括社会学、经济学和国际关系理论在内的整个社会科学领域;它既是对宏观物理学、化学、生物学前沿问题的回应,更是对人类自身实实在在于每日每时发生的现象及困惑的更高层次的理解。这种新的科学哲学思想试图阐明:人类存在由不断创生、不可预测的新鲜事物组成,我们见到的和我们周围的宇宙,只是许多"可能"世界中的一个。不确定思想不等于对宇宙的任意解释,相反,它告诉我们,人类生活在一个可确定的概率世界,生命和物质在这个世界沿时间方向不断演化(非线性的),把

---

① 〔美〕伊利亚·普利高津:《确定性的终结——时间、混沌与新自然法则》,湛敏译,上海科技教育出版社1998年版,第6页。

一切事物想象存在确定性，才是真正的错觉。在这种新思路的引导下，人们更加重视（譬如讲）概率而不是确定性，重视非对称过程而不是对称性，重视自组织的状态而不是经典还原论，重视对危机和不可预测事件的管控而不是对传统模块的线性模拟。在这种新的见解指导下，科学不再等同于确定性，强调概率不等于无知。它也解释了国际战略和外交工作中一种看似矛盾的现象：为何有那么多的专家和机构，出版了那么多貌似严谨的著述，却没有一个人准确预见了苏联解体和两极结构终结的方式，没有一本书在事先确实谈到了"9·11事件"或2008年以来的全球经济危机。但另一方面，没有哪个政府因此而取消科研资助，没有哪个媒体和公共团体会觉得研究工作和战略对策无用——毕竟已有努力仍然提供了对部分事件部分问题的答案（包括预测）。现在的趋势是，聪明的、视野开阔的研究部门和政策制订者，更加倾向于建立新的复杂性理论和应对之策。人们期待，通过运用近几十年来的知识发现和分析工具，特别是在神经网络、生态平衡、人工智能和混沌理论这样一些领域取得的成果，逐渐熟悉和掌握分析不确定世界的方法及思维。对新思想新工具新路径的探索，可以从过去无从知晓的广度和深度，来认识和处置看似自发的、自组织的、经常无序的和难以确定的世界。从全球范围考察，这种态度已经并且将继续对经济和商业行为，对政治和军事活动，对外交和国际关系，发生或显著或潜在的深刻影响。简言之，新的研究"正在冲破自牛顿时代以来一直统治着科学的那种线性的、还原论的思维方式"①。

在经过冷战结束之后的短暂过渡期之后，国际关系与外交斗争进入了更加不确定、更加扑朔迷离的阶段。不只是上面提到的国际恐怖主义、全球经济危机这样大规模、全局性的不测事态超越了传统的线性思维与预测，而且人口与难民的全球变动、气候因素的戏剧性角色、局部冲突的此起彼伏、互联网作用与安全隐患的急剧增长，都让各国决策部门疲于应对，让各种智库信誉下降，让专家学者无所适从。我个人觉得，这些与其讲是糟糕的现象，不如说是件好事：它们不仅证明了旧的确定性思维与线性应对方式的无效，也鞭策具有创新意识的思想者和行动者脱颖而出。现在是测试各种变革与保守国家的关键时刻，是全球范围外交转型与创新的新机遇。在此意义上说，中国外交的决策机制和研究过程，应当超越过去那种看似信心满满、实则经常漏空的经验哲学

---

① 〔美〕米歇尔·沃尔德罗：《复杂——诞生于秩序与混沌边缘的科学》，陈玲译，生活·读书·新知三联书店1997年版，第6页。

状态，充实以新的复合思维并且将之建立在不确定的世界变化之上，保持必要的自信，面对外部压力和质疑而不卑不亢，同时充分容纳对不确定性和复杂现象的心理准备和体制安排。不确定性是一种"新常态"，我们的思维和战略也应以此为前提。

2. 外交学习的必要

上面的讨论已提示了新形势的错综复杂，揭示了外交部门适应变化和加强学习的重要。我想强调的是，中国是当代变动性最大的一个国家，是国内经济、政治、社会格局不断出现新局面的一个国家，也是内部变化对外交提出最复杂要求的一个国家。随着国内社会政治的进步，必然要求外交体制机制发生相应的调整变革；也因此，外交人的自觉学习与体制上的努力适应，是极为必要的。从中国总体的变革趋势看，十八大之后接任的中央主要领导（习近平、李克强等），属于建国之后出生的第一代政治家。他们更加懂得继续改革开放对于中国成长为世界大国、实现民族复兴梦的重要；他们会有更大力度推动一些内部难题的解决和外部挑战的克服。就国内发展和改革目标来说，比如，收入分配制度改革、土地制度改革、户籍制度改革、福利保障制度改革、经济反垄断进程和政治反腐进程等，正在加紧推进。在未来五到十年，与这些社会经济变革相适应的政治体制改革和意识形态调整重大措施，也将逐步稳健地推出实施，从而使社会和民众关注的监督机制、权力制衡、消除垄断等方面得到落实。在未来几年，我国民族边疆地区的政治稳定、经济社会加速发展和多民族关系的摸索调节，也将是艰巨而必要的改革方向，对于新一代领导人智慧与能力同样会有大的考验。可以说，给定中国的规模与政治特性，上述领域的重大改革，必然产生强烈冲击波，其进展或困难将产生广泛的国际影响。外交是内政的延续。外交工作最重要的使命，便是保障整个民族国家在世界的地位得到维护和尊重，为国内既定议事日程的稳步推进争取尽可能良好的外部环境和条件。

外交人应当理解国内重大现象及改革趋势，在工作中自觉配合新的气象与要求。否则，外交人就会变成"只拉车、不看路"的具体办案人，变成庞大官僚机器中缺乏能动性和创造性的部分，也无法在国际交往中赢得国外同行的尊重。比如，不了解中国经济发展的新阶段、新常态，不知道国内产能的富裕过剩、外汇储备的急剧增长及中国制造业的某些技术优势，就无法懂得中央"一带一路"宏观对外经贸战略的起因及路线图；不了解中国社会层化、地区分化、收入差距扩大的现状,就不可能理解党和国家高层经济上推动收入分配制度改革与政治上大力反腐倡廉的考量,就无法向国外恰当解说中国经济与政治改革的下一步方向;不了解土地制度改革和户籍制度改革的重大思路举措,就无法理解消除现阶段城乡差别的攻关战役性质,就无法向驻在国的公众和媒体解说中国工业化、城市化、现代化的特色路径;不了解国内民族政策的起源及现有困难的严重性,就无法懂得达赖集团或涉疆分裂集团的危险与国际上各种对我有关政策误解的背景;不了解国内媒体和学术界有关"北京共识""亚洲价值""普世价值""公民社会""依法治国"等问题上的争论,就无法回答国际范围广泛存在的有关中国崛起目标的疑惑;不学习进修有关国际公共产品、战略投入及援助、商务类型援助的各种知识,就容易混淆我国政府对外援助的不同种类,实际工作中就不会有拾遗补缺、分类推进的谋划;不了解国内社会学和政治学界关于既得利益集团的前沿见解和政治高层强调经济领域反垄断的思路,就不会在驻外使馆活动和对外活动中自觉谨慎地同私人资本和国有企业保持合理距离;不了解沿海省份陆海经济的份额变化以及中央转型升级的重点要求,就无法恰当界说"海洋强国""防空识别区""三沙市和三沙警备区"等目标与步骤的战略意义；不了解国内主要媒体如《环球时报》这类民族主义情绪强烈的媒体与《南方周末》这类改革开放吁求强烈的媒体之间的重大争论，就无法叙说增强国民之国际主义意识的紧迫性，也无法找出外交人赢取更大社会支持与信任的切入点。这些方面及问题，都是需要外交人不断观察、分析、学习的对象。墨守成规、单纯办案的方式，只会使外交部门更加被动，丧失驾驭进程的机会。更好的学习、机制化的学习，是中国外交人占据制高点和先手之机的前提。

3. "三不原则"的创新

拿我们最熟悉的外交"三不"原则来说，"不干涉""不结盟""不当头"长久以来一直是中国外交指导原则中的核心内容，也是中国置身复杂国际事端之中却始终立于不败之地的思想法宝。然而，我想指出的是，如果把这些原则固化甚至僵化，不以新的形势和任务丰富创新它们，好的原则也可能变成束缚我们奋发有为的框框。我们的外交人员如果没有对这些原则的创新思考，复杂局面下就可能自缚手脚、丧失良机。

"不干涉内政"原则实际上是历来国际体系和国际法

的一项基础性法则,那就是:主权国家不论大小强弱,应当享有基本的自决权,在民族国家的重大事务上不受任何外部势力的蛮横干涉。事实上,没有这一法则,就不会有《联合国宪章》和当代国际体系的存在,世界政治肯定是一种比现在的情景更加野蛮的、无序的、受所谓"丛林法则"支配的糟糕状态。六十多年前,中国、印度、缅甸等新独立国家所倡导的"和平共处五项原则",其核心的要求正是获得不再受西方列强干涉、自主决定本国事务的权利;它之所以能长久坚持,受到广泛拥护,恰恰是因为它代表了刚刚摆脱殖民主义和帝国主义枷锁的亚非拉世界的普遍愿望。今天非西方国家的需求重点,是在早已获得政治独立的条件下,加强国家间合作和参与全球化的能力;尤其中国和印度这样的新兴大国,更是需要积极参与全球和区域治理,提高发言权和引导力。因此,可以说,目前创新"不干涉内政"原则

图38 和平共处五项原则发表六十周年纪念大会(2014年6月)

来源:新华网(http://news.xinhuanet.com/world/2014-06-28/c_126683742.htm)

的重心，是在保持各国尤其是中小国家基本权利的前提下，想方设法保证和加强"参与度""决策力""话语权"。中国外交学界和决策部门正在探讨的"创造性介入""建设性参与""积极作为"等理念，由此应运而生。它们也是现阶段中国海外利益不断增大、中国能源资源海外依赖程度上升、中国国际责任和压力不断增大的必然要求。

"不结盟"方针始于20世纪80年代初期，它是邓小平审时度势，根据美国、苏联两霸称雄世界的特殊环境，考虑为中国改革开放和经济建设创造有利条件而提出的一项大战略，其关键内容是中国不与世界上任何一种政治军事集团结盟，在独立自主和"不树敌"的基础上，发展同所有方向、所有国家的全方位合作关系。正是有了全然不同于毛泽东时代的哲学世界观和战略中立位置，中国才有了后来数十年的良好安定外部条件，有了与美国建交、与苏联解决边界分歧、与多数国家展开大规模交往的新型对外关系，有了国内聚精会神谋发展、搞建设、图变革的可喜进步。今天中国面临的环境与任务则有所不同，新的重点在于：如何在我们国家快速强势崛起的进程中，既不失去大大小小的朋友，又能拓展新的战略支点和合作平台。在这种情势下，传统的同盟理论和战略学说值得我们细细咀嚼，分清里面的各种层次，提取有效成分为我所用。例如，在继续坚守不与任何大国和国家军事集团结盟之方针的同时，努力开拓"准盟友"式的、友好互助型的或防范战略风险所需的国家间战略关系，积极寻找战略对话与协作的国家和区域行为体（如东盟、非盟或欧盟），在全球范围或实施战略援助，或加强商务基础设施建设，或发展类似海外军事基地的补给维修网，总之建立起适合我需要、辅助以多种强力杠杆的全球战略支架。假使拘泥于对"不结盟"方针的简单化、机械化理解，我们的战略规划宏图和实施部署过程就会过于谨小慎微，无视重要的战略窗口，失去某些战略性时机。实践中观察，最近十余年间中国与六七十个国家及区域组织（如欧盟、东盟、非盟）建立了这样那样的战略协作、战略对话、战略交往关系，对我们的全球及地区目标实现起了不可或缺的作用。这些战略互惠关系就是创造性地坚持"不结盟"原则的明证。自然，战略互助关系也要仔细规划，防止不必要的负担和压力。凡事都有两面。过于紧密、不加防范的国家战略安全联系，亦可能造成国际危机时刻令我方进退维谷的局面。须牢记：没有战略盟友和友好国家的支持，没有世界各个区域方向特别是要津的战略支点，中国不可能成为真正的世界大国；同时，建立全球性的战略协作与伙伴关系，需要高度熟练的外交技巧和灵活多样的备选方案。"结伴而不结盟"，是中国必须守住的底线。

同理，"不当头"原则也需要与时俱进、实现创造性转化。20世纪80年代末期，在复杂严峻的国际环境下，邓小平制订了包括"不当头""不争论"等内容在内的"韬光养晦"总方针，指导我们国家度过一段艰难时期。今天来看，这一方针所体现的谦虚谨慎、避免对抗等基本精神，符合中华文化传统和改革开放以来中国外交一贯的风格，仍然需要中国外交人和外交学者认真领会、长期坚持。但另一方面，任何国家都很清楚，中国的实力与地位已经到达新的层次，中国的态度与目标是21世纪初期国际关系的最重大变量之一，所有人都渴望看到、听到中国对全球发展和国际和平的引导声音和负责任力量；中国更加年轻一代的公民和媒体，也期待中国政治家和外交部门不要老是在国际重大问题的表决中投弃权票，而应主动出击、大胆发声、积极营造于我有利的国际事态与事件结局。在这种内外压力下，对外交部门和政治人物来说比较好的策略，是在坚持谦虚与合作风格的同时，更加清晰主动地表述中国的态度，提出有中国印记的方案，做出更多有中国风格的国际贡献。例如，在国际领域的"新高地"或者说"高边疆"（如外空、极地、电子、金融的开发与规则确立），一个想立足其中的大国，必须学会下先手棋，有独特的布局和倡议。很多人说，中国这么大的国家，没有也不可能"搭便车"，相反只会给别的国家提供搭便车的机会。我个人认为，实事求是地说，在经贸领域，现在的中国确实越来越多地提供了让其他国家"搭便车"的机遇，例如"一带一路"规划。但是，在安全领域，迄今为止中国也在搭别国的便车，比如说我们那么多的国际运输船只，却没有足够的护航力量，因而也不得不借助其他国家的海军，在印度洋、太平洋和其他水域保障海上通道安全。给定上述大背景，我们的政治家和外交人，要从习惯于少说话、不发力，向更加积极作为的方向转变，加强能力建设，学会主动出手，于人于己更大方便。

4. 复杂学习

在外交学和国际关系理论中，20世纪70年代以降，出现了一种被称为"学习与适应"（learning and adaption）的新理论，以吸纳其他学科学说的前沿成果和适应复杂的国际现实。① 它教会我们，政治领导人和政府部门也可能而且应当从历史中汲取经验教训和自我改进，这种学习过程会影响到他们的对外政策的看法与决定。学习与适应理论指出，学习不只是对一般的个人有用，也是国际政治和外交研究的改进路径之一。专家们发现，政治家和外交官事实上离不开学习的帮助，学习与适应是经常性的现象。各种教材常常提及，朝鲜战争的教训，影响了美国人有关干涉60年代印度支那的争论，而越南战争的结果，更潜移默化地左右了当代美国政治家和公众对于海湾战争和波黑冲突的认识。阅读丘吉尔、尼克松、基辛格等人的回忆录，便不难发现，这些欧美政治家、外交家多半以他们对既往事件的感受和分析，确定对于当下局势的反应和决定。历史是外交家的一面镜子，外交政策的制定事实上就是不断学习和改善的过程。不仅如此，按照国际周期理论家莫德尔斯基的说法，整个国际关系和世界政治的演进，都表现为学习基础上的进化。20世纪70年代末至80年代中后期有关学习理论的研讨重点，是处于冷战状态下的美国和苏联两个超级大

---

① 有关国际关系和外交研究中的学习理论，可参见拙著：《西方国际政治学：历史与理论》第十二章"学习进化理论"，上海人民出版社1998年版，第455—483页。

国,如何在势力范围、军事干涉、核问题、军控和其他各种安全机制的建立问题上学会"相互适应";90年代之后的一段时间,随着两极格局的结束,尤其是苏联集团的解体,人们注意到,以沃尔兹为代表的结构主义模式,无法充分解释冷战的结束尤其是苏联外交政策的根本变化。最近这些年,专家们列举的典型事例之一是,奥巴马总统从布什当政时期在伊拉克、阿富汗遭受的失败中吸取教训,不仅上台后逐渐从这两个国家撤身,而且明显调整了原先那种在中东强行推行美式民主化的方针,逐步实现从布什主义的强权风格向奥巴马时代美国版本的"韬光养晦"方向转变。

在国际政治的语言中,所谓"学习",是指观念和信念上的改变,或者指人的想法变化的程度,也可以指新的思想及其实现过程的出现;不论哪种情况,它们都应当是人对实践中的经历进行观察和加以解释的某种结果。学习会带来政策的改变,完善对于人类世界的认识,或使人的思维结构变得比较复杂及灵活。学习过程与人的努力、人的目标是分不开的;而且,"择善固执"并不能保证"从善如流",信息环境有时起关键的作用。这里特别应提到两组特殊的学习:一是复杂学习与简单学习,一是个人学习与组织学习。

"复杂学习"(complex learning),不同于所谓"简单学习"(simple learning),后者指人们仅仅利用新的信息使自己适应现状,而不是主动地去改变它。"复杂学习"则积极得多,行为者承认手段与目标之间有冲突,并且设法用自己的努力造成某种变化。简单学习当然比较容易实现,而复杂学习更加困难,尤其涉及目标的改变时。这方面常被人征引的国际范例,是20世纪60年代初"古巴导弹危机"前后两个超级大国的相互算计。在那之前两个核大国并不懂得如何彼此相处,而在那之后有效威慑或双钥匙系统变成大国战略关系不可或缺的组成部分。

"个人学习"(individual learning)与"组织学习"(organizational learning),也有重要意义。我们通常理解的"学习",是指个人的观念进步或改善的过程,但国际政治学家所说的学习,主要是在政治组织尤其是政府的层面上的想法变化或观念进步。"组织学习与个人学习不太一样,前者只是通过服务于组织的个人,并且以将个人习得转化为组织程序的方式完成的,组织的程序可以包括正式的形式、规章制度、传统惯例、战略技巧等内容。"当然,不是所有的组织变化都源于学习。只有当个人的认知变化及各种来自实践的心得体现在组织的程序和"记忆"中时,才能说进行了"组织学习",或者"组织的变化来自于学习"。组织的学习包含若干个阶段，首先是个人思想对环境因素做出反应，然后是个人的学习改变组织程序，组织变化造成进一步反馈效应。这个链条可能在任何一环上断裂，比如：个人可能失于从环境中汲取教训；个人的学习心得可能无法转化为组织的变化；组织的变化可能不够有力，影响不了领导人的对外政策等等。个人学习是组织学习的必要条件，但显然不是充分条件。

"政府学习"比"个人学习"和"组织学习"都更复杂，它是后面两种学习的综合和积累。在政府的学习过程里，它包含了较多的组织和个人，层次更加复杂，程序也更加多样。在不同的政治体系下，政府学习的方式是不一样的。高度集权的政治体制下，最高领导人及其最有实力的决策层既从他们的智囊团那里了解和借鉴历史，也凭借当权者个人的经历与智慧观察和分析环境；在比较分散的政治体系中，各种权力相互制衡，使学习过程显得更加多元和有力。究竟是"个人学习"更重要，还是"组织学习"或"政府学习"更重要，要取决于具体的情况、具体的国家和具体的问题。值得注意的是，学习理论十分重视领导人的代际变化对学习的内容、质量和方式所带来的影响。通过代际更换，能够使政治决策层具有新的面目,新的政治决策者更愿意也更容易将新的观念、思想和学习过程引入决策过程。与学习过程相比,代际政治家的转换,对于国家外交政策的改变起着更大的作用。每一代人都有他们特有的信念、观念、想法,这些东西源于他们那个时代的环境、意识形态、政治结构、知识水平;因此,每一代人都会学习,从他们的过去、他们的前人那里学习,但他们同时会有自己的局限性,会给下一代人的学习与超越造成新的可能。

中国这方面也有好事例,例如,1996年的台海危机,不仅警示中国军队加强危机管控机制的建设,而且促使中国最高决策层做出加速军事和国防现代化进程的重大决策。20世纪末的科索沃战争时的炸馆事件、21世纪初的美国侦察机入侵中国南海事件等,几乎每次危机及中国决策层对它的反思和研讨,都转化成中国高层、军方和外交部门改进的关键时刻。我想,虽然历史上可以举出许多积极事件,说明我们的决策部门事实上处在学习与适应的过程里,但被动的学习无法替代自觉的学习,事先学习的效果可能远远大于事后的修补。在我们的外交、安全和商务决策中,存在太多的被动学习和事后改善,而较缺乏主动的学习与机制化的学习。如前面建议的那样,外交部门应当着重考虑的事情之一,是如何与学界和专业研究部门展开定期交流或互设位置，例如外交官短期驻校进修，或当访问学者、大学教师和研究机构专职人员驻使馆领馆研习工作，使外交学习真正成为前瞻性、制度化的一种安排。就本书主题而言，加强外交人的学习能力，是中国外交贴近公众、加强透明性、增进社会对外交的理解与支持、增强外交的社会基础的一个路径，也是推进外交的社会化转型的必要条件和积极步骤。

我曾长期在中国社科院工作，近几年又到北大教书，目睹越来越多的外交人员通过个人努力到著名高校或研究机构读学位、进修深造的案例，一个感受是，外交干部这方面的需求强烈，高校和研究机构可做的事情很多；只要有关部门加以规划、使之机制化，二者之间的结合可以合理平顺。这样有利于推动外交机制"扁平化"过程，合理扩展国家这方面的编制与资源。例如，外交部办公厅、干部司等机构预先统筹考虑，之后部领导与若干高校之间商议并签署战略合作协议，类似中国海洋大学、航空航天大学、北京理工大学和北大、清华这些重点院校可设置专门的定向培养目标；或定期由后者向前者输送优秀的毕业生，到未来的外交部门下设的外空司、极地司、海洋司工作，或派遣外交部门的年轻干部到这些高校定向做中短期进修培训，熟悉新的趋势与工具。同理，国家海洋局、国家航天局等部委与外交部之间也可以展开专项合作，实现小范围的干部岗位进修或轮换，加强彼此间的交流合作。现在部委的人员构成里，至少三分之一是年轻干部，很多人尽管有高学历，但毕竟工作多年，对新趋势、新方法、新理论、新工具不太了解，有必要加强对他们的在职培训，而且他们自己也都渴望再度到母校或专业对口的院校"回炉"。这方面的设计和安排，不仅有必要而且肯定受欢迎。它与现有的从国家公务员考试中录用高校毕业的制度不应当是矛盾的，属于专业定向、数量有限的补充性安排。这种做法类似于国防部门近年来与北大等国内若干重点院校签署的"国防生"合作协议安排，后者业已被实践证明是卓有成效、受到欢迎的制度设计。除了接收相关院系专业的毕业生，外交部门最好配备一定的财政或物质资源，适当补贴相关专业学生在校期间的生活和学习，不致给有关院校和研究机构增加财政负担。这当然涉及整个外交部门人事和干部方面的费用，恐怕不是在原有框架内能够解决的。因此，国家财政预算须做专项配比支持，让外交学习过程获得制度性的保障。迈向全球性角色的进程中，中国外交的学习能力提高，是一项基础性的建设。

四、外交投入的分析

有关中国外交投入，国内外各方面的看法差别很大。不少人觉得中国外交经费太多，甚至超出了现阶段外交需求和国力允许的范围；也有越来越多的人认为还不够，需要根据新的形势与要求适当增加。我个人倾向后一种意见。从研究兴趣出发，本人及其学生团队做了一些工作①，发现现在这方面的探讨很少，数据不全而且很难查找，很多议论似是而非、缺乏可靠依据。下面所说各点，仅仅是个人根据有限的数据得出的初步印象，各点之间并无重要性的排序和必然联系，列举出来主要是为了引起进一步讨论和争鸣。

1. 基本概念

分析整体的外交投入，先要看看外交开支的类型。外交支出一般"包括驻外机构经费，党政机关、民主党派和人民团体出国访问等经费，外宾招待费和国际组织

---

① 最近两三年内，我带领几个研究生，跟踪分析中国外交开支并进行国际比较，建立了初步的数据库。此节讨论主要依据这些数据。参与课题的学生包括：刘毅、崔圣、王婕、伍雪骏、陈然、戴帼君、宁艺晴、曾一。

会费等"①，在公开中国外交支出的过程中经历了两次较大的变革。从建国初期至2001年，中国的外交支出每年和行政支出、公安支出、司法检察支出等一道，构成财政支出中的"行政管理费"。中国每年公布"行政管理费"总额，至于外交支出具体数额，则不再进一步公开。从2002年开始，随着中国加入世界贸易组织，公共部门也开始了"国际化"的进程。在财政收支统计上，为了同国际通行办法接轨，中国政府也进行了一些调整，将已占到全国财政支出十分之一的"行政管理费"科目，拆分为"行政管理费""公检法司支出""武装警察支出""外交外事支出"和"对外援助支出"。由此以后，中国的外交支出才有数据可查。第二次重大的变革发生在2006年，国务院同意了财政部制定的《政府收支分类改革方案》，对政府收支分类范围、分类体系和具体科目设置办法都进行了大范围的调整，试图更完整、准确地反映政府收支活动。对外交支出再一次进行了改革，在"外交"类分设了八款科目，分别是"外交管理事务、驻外机构、对外援助、国际组织、对外合作与交流、对

---

① 陈光炎、叶青：《中国财政通史（第十卷）：中华人民共和国财政史（下）》，湖南人民出版社2013年版，第515页。

外宣传、边界勘界联检、其他外交支出"①。

判断对外交往支出的多寡，不是一件容易的事情。这里面既有广义与狭义支出的不同，更有复杂的部门与渠道差异。单从官方公布的数据判断，按照全国人大批准的中央政府年度预算，中国外交经费最近这些年基本上维持在每年六七十亿美元的范围（如2012年342亿元人民币，2013年355亿元）。这里面，近60%属于商务部掌管的对外援助款项（例如2012年有192亿元是这类援外款，2013年商务部也掌握了164亿元的国家外交总支出），并非外交部直辖使用的经费。虽然说援外与外交是很难截然分开的，但此处既然探讨的是外交转型背景下的外交投入问题，就须注意外交部掌握的经费与广义上的对外经费之间的联系与区别。同理，文化部主管的对外文化交流、教育部主管的孔子学院、国新办主管的对外宣传、中国国家开发银行对外提供的优惠贷款、农业部用于非洲农业示范点的支出、团中央在中央财政资助下发起实施的青年志愿者海外服务项目，都起到了对外公共外交和对外援助的功能，相关支出按国际口径有不少可纳入外交支出，但在我看来它们与核心部门外交

---

① 参见财政部网站：《财政部关于印发政府收支分类改革方案的通知》，2006年2月10日。

部掌握的经费及其性质依然有很大不同。此外，一些在中国外交体系中扮演了重要角色的部门的支出难于获得，如中央外事工作领导小组办公室的经费支出不对外公开，负责党际交往的中共中央对外联络部所产生的国际交往开支并没有在政府预算中公示。特别是，分析中国这样一个内部省份众多、地方特色鲜明、开放水平不一的大国时，各级地方政府用于对外交往与合作的费用，是目前研究者难以估计的一个统计盲区。

还可从外交支出二级款项的分析，增进对问题的理解。中国外交支出的大部分是由外交部和商务部两个部门花出去的，它们占到了全年外交支出的70%。例如，2013年，外交部的外交（类）支出为91.92亿元，占到2013年外交支出的355.76亿元的四分之一。不过，如果单从经费开支来理解的话，商务部的角色非比寻常，2013年商务部的外交（类）支出为164.18亿元，占到了全年外交支出的46%，是外交部的近两倍。除了外交部、商务部以外，产生外交支出的还包括教育部、文化部、科技部等设有驻外机构或在驻外机构有参赞等派驻人员的部门，通常列入"驻外机构"款。由于国务院各部门一般都会代表中国政府或以部门的名义参加相应的专业性国际组织或开展国际合作，所以诸如公安部、财政部、司法部、国家旅游局、海关总署等国务院大部分部门，都在"国际组织"或"对外合作与交流"这两方面有相应列支。至于"对外宣传"款，目前资料显示包括国家新闻出版广电总局、新华社等部门公开预决算中都没有涉及此项开支，国务院新闻办公室暂未公布其部门预决算状况，鉴于其与中共中央对外宣传办公室一个机构两块牌子，支出可能列入"对外宣传"。真正属于外交部直接掌管的，是中央财政拨款。2014年外交部获得的财政拨款预算总额783 659.16万元，较2013年增加145 912.73万元，其中主要是国际组织费用与维和摊款的增长。

综合考虑，从研究方便出发，我想去繁就简，把目前一年六七十亿美元外交开支，作为讨论中国外交投入的一个基础性数据。

2. 援外支出

再来说说援外支出问题。众所周知，从20世纪50年代起，对外援助一直占据着中国外交支出的很大比重。这方面，有值得自豪的数据，也有不小改进的余地。与外交支出迟至21世纪初才公布不同，中国的对外援助的透明度高出许多，从20世纪90年代初就对外公布（见

图40）。中国的对外援助数额的绝对值增长迅速，从1950年至1952年三年合计2.29亿元，到2013年的170.52亿元，增长了70多倍。在20世纪60到70年代，中国的革命外交也在对外援助支出上得到了数量上的体现，1961年的对外援助是1960年的3倍多，并于1963年突破了10亿元大关，中国对外援助突飞猛进，到十年后的1973年，达到了55.84亿元。此后虽然有所回落，但还是保持在每年几十亿人民币的水平。随着中国开始

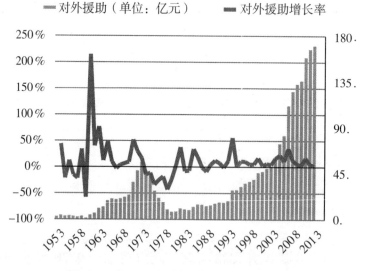

图39　1953—2013年我国对外援助情况

数据来源：傅道鹏：《官方发展援助（ODA）研究》，财政部财政科学研究所博士学位论文，第80页；《中国统计年鉴》，中国统计出版社2014年版；财政部预算司网站：《2013年全国公共财政支出决算表》。1952年数据为1950年至1952年合计。

改革开放，党中央做出了把工作重心转移到经济建设上来，外交政策也随之做出调整，放弃了此前二十多年的世界革命优先策略，开始回归服务于经济建设的大局；相应地，对外援助呈现急剧下降态势，从1978年的17.21亿元骤降近一半，到了1979年不到10亿元。此后，中国对外援助数量保持着较为稳定的增长，2007年突破100亿元，目前已接近年度200亿元的水平。

不过，如果把中国的对外援助的增长放在大环境下探讨，其实还有较大的增长空间。因为最近三十多年是中国综合国力迅猛发展的时期，综合国力远非过去能比。例如，1980年中国还只是全球第十二大经济体，仅占全球经济总量的2.2%，而现在中国已成为仅次于美国的世界第二大经济体，国内生产总值已经超过10万亿美元，占到了全球经济总量的15%左右。从1979到2013年，中国国内生产总值一直保持了高速增长，年均增长15.76%，同期的全国财政支出也保持与经济的快速发展相适应的增长速度，达到了14.81%。相较之下中国对外援助的支出增长则不那么显著，从1979至2013年只有年均8.76%的增长率，只是同期财政支出增长的一半，更遑论与国内生产总值的增长速度和体量相比。

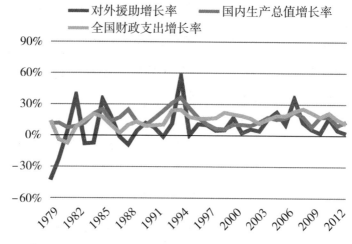

图40 1979—2013年我国对外援助、国内生产总值和全国财政支出增长情况

数据来源：傅道鹏：《官方发展援助（ODA）研究》，财政部财政科学研究所博士论文，第80页；《中国统计年鉴》，中国统计出版社2014年版；财政部预算司网站：《2013年全国公共财政支出决算表》；《新中国50年财政统计》，经济科学出版社2000年版，第59—60页；《中国统计年鉴2013》，中国统计出版社2014年版，第44页；国家统计局网站：《关于修订2013年国内生产总值数据的公告》；《中国财政年鉴2013》，中国财政杂志社2014年版，第421—422页；财政部预算司网站：《2013年全国公共财政支出决算表》。

无论与中国的大国实力与地位对照，还是与国际上对中国日益增长的期待相比，中国实际的对外援助不是多了，而是远远不够。① 《中国的对外援助》白皮书显

---

① 本处数字主要引自毛小菁：《正确认识中国的对外援助》，《经济》2012年第6期。

示，截至2009年底，中国累计对外提供援助金额达2562.9亿元人民币。国内许多民众认为中国援助额太高了、太大方了，那么中国的援助额到底高不高呢？

首先需要正确认识中国对外援助的资金组成方式和资金来源。中国对外援助资金包括无偿援助、无息贷款和优惠贷款三种方式。截至2009年底，中国累计对外提供无偿援助1062亿元，无息贷款765.4亿元，优惠贷款735.5亿元。其中只有无偿援助和无息贷款资金在国家财政项下支出，优惠贷款的本金由中国进出口银行通过市场筹措，财政只是提供金额较少的利息差补贴。优惠贷款在近几年发展较快，成为中国对外援助的一种重要方式，但并没有增加多少财政支出负担。因此，虽然中国对外公布的援助金额较多，但实际使用的中央财政资金并没有那么多。再来看看中国援外支出在中国经济中所占的比重。近年来，随着中国经济的快速发展，中国政府相应增加了对外援助支出。但即便如此，援外支出额在中国经济中所占的比重也是较低的。根据财政部公布的数据，2010年，中国对外援助财政支出额为136.11亿元人民币（约合20.11亿美元），占当年全国财政支出的0.15%，占当年国民总收入的0.034%。中国对外援助在国际发展援助中大致处于一个什么位置呢？2010年，经合组织发展援助委员会（DAC）的23个发达国家成员累计提供援助1287.28亿美元，占其国民总收入的0.32%，这一比重是中国的近10倍。其中美国是世界最大的援助国，提供对外援助301.54亿美元，占其国民总收入的0.21%。其他几个主要援助国援助占国民总收入的比重分别为英国0.56%、法国0.5%、德国0.38%、日本0.2%。此外，有5个国家援助占国民总收入的比重超过了联合国规定的0.7%的标准，比重最高的卢森堡达到了1.09%。当然，作为发展中国家，中国不可能也不需要承担跟发达国家一样的义务。但即使是与同为发展中大国的其他金砖国家相比，中国的援助也没有什么优势。根据经合组织公布的各国援助数据及世界银行公布的各国国民总收入计算，2009—2010年间，巴西的对外援助占国民总收入的比重为0.023%，印度为0.035%，俄罗斯为0.06%，南非为0.038%。事实上，与任何大国（无论是发达国家群体还是新兴大国群体）相比，在我们国家综合实力快速增长的大背景下判断，中国的对外援助都有提升的余地。这也是未来新增外交经费的一个使用方向。

这里特别要指出一点：很多人觉得，现在新一代的中央领导层，通过宣示和推行"一带一路""丝路基金"

"亚投行"等政策，已占用了中国的太多资源；在这种情况下，不能再说中国外援太少。我觉得，对此要持"两点论"：一方面，中国政府确实动用了不少财政储备，但这里面大部分是通过银行系统运作、按照国际金融和投资标准实施的，尤其是信用贷款之类必须偿还、有本息计算和回报的，何况它们基本上是用于中国与有关国家合作的项目建设和经济合同，服务于由中国施工队伍和项目管理人员经营的、瞄准中国产能和装备走出去的宏观经济目标，简言之对于中国发展是非常有利的事情；另一方面，对这方面的投入不光要算经济账，更要有外交和战略方面的考量。美国在第二次世界大战结束后实施的"马歇尔计划"，单从账面上看当时让美国纳税人付出了200多亿美元（按今日价格计算至少有2000亿美元），为盟友和其他一些国家各种战后重建提供援助（包括改造德国和日本），但它换来了近70个维护美国与有关国家的双边政治军事盟约，奠定了二战后70年间美国的世界领导地位。"马歇尔计划"给人一个启示：中国新的全球重要地位的取得，必须建立在更大规模的战略外援和国际公共产品的基础上——首先是周边，尔后是世界其他区域；没有这种战略投入，就不会有中国人期待的全球话语权和影响力。

3. 低的投入

中国现在的主要问题是,即便算上外援的总体外交预算依然偏低,尤其是与快速增加的军费和教育经费相比偏少,占国民生产总值中的比重太小,制约了外交人发挥作用的天地。

我的学生团队用收集到的数据做成一个表格,展示了一组可对照的数据(2011年一些国家的军费、外交费用、外交人员数量之比,见表1)。不难看出,无论怎样比较,中国外交所占用国家可用资源的情况都不如人意。在外交人员的相对数量、外交经费所占国民生产总值的权重、外交预算在整个国家财政支出中的比重等方面,在世界上较有影响的国家行列中,中国多处于垫底的位置。无论如何,这是需要提醒政治高层和公众媒体注意的一个严重问题。例如,美国人口比中国少十个亿,但外交官数量却几乎是中国的三倍,外交经费更是我们的十倍;日本国民数量不到中国十分之一,而外交官数量基本与中国持平,外交经费差不多是中国的三倍,这一切都发生在日本经济停滞二十年、中国同期快速成长、两国经济实力此消彼长的大背景下。中国与八国集团相比,除个别数字略强于俄罗斯,其余都大幅落后。不难

表1 2013年各国军费、外交费用、外交人员数量情况比较

项目 国别	GDP（十亿美元）	财政支出（十亿美元）	军费（十亿美元）	军费占GDP比重(%)	军费占财政支出比重(%)	外交及援支出（十亿美元）	外交支出（十亿美元）	外援支出（十亿美元）	外援支出占外交及援支出比例(%)	外交及援支出占GDP比重(‰)	外交及援支出占财政支出比重(%)	人口总量（百万）	外交部门人员编制数量（名）	每十万人拥有外交人员数量（名）
美国	16768.1	6133.7	639.7	3.82	10.43	46.23	13.72	32.51	29.7 70.3	2.76	0.75	316.7	28505	9.0
中国	9469.1	2750.9	191.2*	2.02	6.95	5.74	2.99	2.75	52.1 47.9	0.61	0.21	1360.7	9000	0.7
日本	4919.6	1958.5	48.7	0.99	2.49	18.12	6.33	11.79	34.9 65.1	3.68	0.93	127.3	5753	4.5
德国	3731.4	1618.4	47.7	1.31	2.95	18.69	4.63	14.06	24.8 75.2	5.01	1.15	80.8	8046	10.0
法国	2807.3	1604.1	62.4	2.28	3.89	17.87	6.49	11.38	36.3 63.7	6.37	1.11	63.7	9334	14.7
英国	2680.1	1109.0	56.9	2.24	5.13	21.11	3.23	17.88	15.3 84.7	7.88	1.90	64.1	6530	10.2
意大利	2137.6	1129.7	33.9	1.64	3.00	5.69	2.44	3.25	42.9 57.1	2.66	0.50	59.7	4215	7.1
俄罗斯	2079.1	794.5	87.8	4.19	11.06	4.42	3.71	0.61	86.2 13.8	2.13	0.56	143.7	11708	8.1
印度	1875.2	510.5	47.4	2.45	9.29	2.00	0.81	1.19	41.5 59.5	1.07	0.39	1243.3	4024	0.3
墨西哥	1262.3	342.0	7.8	0.62	2.29	0.54	0.54	不详	100	0.43	0.16	118.4	3807	3.2
阿根廷	622.1	225.4	5.1	1.06	2.28	0.40	0.40	不详	100	0.64	0.18	41.5	1460	3.5
南非	366.2	114.2	4.1	1.18	3.62	0.59	0.54	0.05	91.5 8.5	1.61	0.52	53.2	2694	5.1

* 本处采用了斯德哥尔摩国际和平研究所（SIPRI）的2013年中国军费数据，但与财政部预算司所公布的2013年中国国防预算为7410.62亿人民币（约合119.53亿美元）存在较大出入，特此说明。

发现，中国最大的差距之一，是在外交官数量方面，极低的数目和比例显示出我们国家制度建设尤其现代科层管理设置方面现代化水平的严重不足。世界各国现代发展的进程显示，一个国家的工程师、会计师、医生、教授、外交官等职业的数量及他们占人口之比，包括他们受到的政治尊重和资源配置方面的所占次序，是这个国家及社会的发达或落后程度的清晰指标。外交人员占比越高的国家，国际化程度和发达程度越高。各国历史也表明，当政治人物和社会大众认为他们比职业外交官更懂国际关系的时候，会不自觉地让这种自负情绪带来国家对外谈判和国际协议制订上的失误。中国外交经费的短缺，突出表现在它占政府预算比例的水平低，同其他部门经费（如教育部门和军事国防部门）近年的快速增长与权重上升形成鲜明对照。这里面的原因很多，值得分析研究。除开上面提到的现代化发展水平不足的总体背景外，其中之一是极"左"年代支援世界革命的费用过高留下的大众心理后遗症，公众担忧甚至厌恶官员做出的超出国力许可的对外承诺；另一点是媒体宣传报道的片面性，很多时候只讲当一个世界大国的好处（譬如说更多的发财机会和更多的旅游机会），却不讲或很少说充当全球性角色必须付出的代价和义务（例如更多的国际组织会费、更多维系国际和平与安全的责任);第三个可能的因素是,外交主管部门相较于政府其他强力部门的领导而言,不太勇于为自身争取更多的预算份额,不太善于运用时下国内流行、各界普遍存在的"政治游说"或"市场营销"策略,因而这些年外交人员和外交经费的增长均处于有心无力或力不从心的状态。

再看一份表格(表2)。可以看出,欧洲主要国家的外交预算占GDP的比重都在0.1%以上,占政府财政预算在0.2%以上。与军费开支相比,外交预算占GDP的比例要远低于军费。除了瑞典以外,其他几个国家的军费开支都是外交预算的10—15倍左右。这几个欧洲国家对教育经费的投入都高于军费,更远大于对外交的投入,教育经费基本上是外交经费的20—40倍(瑞典除外)。需要指出的是,本报告的外交预算指的是该国负责外交事务的中央部门的年度预算,如英国的外交和联邦事务部、法国外交部等。因此,外交预算的多少除了取决于一国对外交的投入,还取决于该国的机构设置,尤其是国际援助这一项支出是否归该国的外交部门直接负责管理。譬如英国2013年度用于国际援助的预算是外交预算

表 2　2013 年五国外交、军费占比表①

（十亿美元）

国家	外交预算	占总预算	占 GDP	军费	占 GDP	教育	占 GDP	总预算	GDP
英国	3.23	0.29%	0.13%	57.02	2.29%	151.72	6.10%	1126	2490
德国	4.63	0.29%	0.13%	48.86	1.36%	154.03	4.29%	1624	3593
法国	6.49	0.43%	0.23%	61.08	2.23%	104.77	3.83%	1522	2739
意大利	2.44	0.23%	0.12%	32.67	1.58%	64.51	3.12%	1052	2068
瑞典	5.17	1.75%	0.94%	6.36	1.18%	7.19	2.52%	294.7	552

① 外交预算均以所在国货币与美元 2013 年汇率采取四舍五入保留小数点后两位进行计算，由此可能产生一定的误差；外交预算占比采用四舍五入保留小数点后两位，由此可能产生一定的误差；军费以及军费占比直接采用斯德哥尔摩和平研究所数据。数据来源：英国财政部，Budget 2014, https://www.gov.uk/government/uploads/system/uploads/attachment_data/file/293759/37630_Budget_2014_Web_Accessible.pdf；英国外交和联邦事务部，Foreign and Commonwealth Office-Annual Report and Accounts 2012-13, https://www.gov.uk/government/uploads/system/uploads/attachment_data/file/210136/HC_32_v0_2.pdf；德国联邦外交部，http://www.auswaertiges-amt.de/EN/AAmt/00Aktuelles/121122_Haushalt_2012_node.html; Entwurf eines Gesetzes über die Feststellung des Bundeshaushaltsplans für das Haushaltsjahr 2013（就通过联邦 2013 财政年度预算的法律草案），http://dip21.bundestag.de/dip21/btd/17/102/1710200.pdf；联邦预算，http://www.bundeshaushalt-info.de/startseite/#/2013/soll/ausgaben/einzelplan.html；德国教育经费，http://news.xinhuanet.com/english/world/2014-02/27/c_133145729.htm；美国中央情报局，"The World Factbook"，https://www.cia.gov/library/publications/the-world-factbook/geos/as.html；欧洲国家教育经费 2013, http://eacea.ec.europa.eu/education/eurydice/documents/facts_and_figures/National_Budgets.pdf；斯德哥尔摩和平研究所（SIPRI），SIPRI Military Expenditure Database, http://www.sipri.org/research/armaments/milex/milex_database。

的4倍,但国际援助归该国的国际发展部管理,因此这一部分经费就没有被算在英国的外交预算里。而瑞典则恰恰相反,瑞典外交部的权限非常大,不仅负责外交部门常规的外交外事、对外援助事务,同时还负责对外贸易与投资,而单国际援助一项就占到瑞典外交经费的90%以上,因此虽然瑞典的外交预算占GDP之比高达0.94%,大部分都被投放到外援这一项目中去了。

从欧洲主要国家的外交预算明细,可以归纳出以下三个特点:第一,这些欧洲发达国家的外交投入相对稳定,每年在相同的项目投入的比例变化不大,除了受2008年经济危机的影响,意大利削减了部分外交经费以外,其他国家的外交经费是稳步增长或基本保持不变;第二,这些欧洲国家对软实力的投入很大,而且都是长期性的,如意大利每年投入外交经费近10%来进行其海外形象宣传,英法等国的外交经费很大部分都投放到文化、传媒、教育等提升软实力的领域,如英国文化教育处、BBC国际频道、法语联盟等,而瑞典则选择在自己关心的议题和区域投入大量科研经费;第三,国际发展援助占这些国家外交投入的很大一部分。

再参考一份在国际上有广泛影响的报告①,尽管与上一个表格的年份时间及计算方式稍有不同,但大体能看出类似问题。例如,这份报告提示,中国 2012 年的外交预算为 55.5 亿美元,为同年 GDP(82 600 亿美元)的 0.0672%,而同期军费预算(1143 亿美元)占到 GDP 的 2.2%。美国同期的相应数字分别为外交预算 550 亿美元,占到 GDP(156 600 亿美元)的 0.3514%,军费为 7110 亿美元,占 GDP 的 4.70%;日本外交预算为 67.5 亿美元,占 GDP(59 840 亿美元)的 0.1128%,军费为 514.2 亿美元,占 GDP 的 1%;德国外交预算为 40 亿美元,占 GDP(31 230 亿美元)的 0.128%,军费为 468.5 亿美元,占 GDP 的 1.4%;英国外交预算为 30 亿美元,占 GDP(25 000 亿美元)的 0.133%,军费为 574 亿美元,占 GDP 的 2.7%;法国外交预算为 54.8 亿美元,占 GDP(2580 亿美元)的 0.212%,军费为 612 亿美元,占 GDP 的 2.5%;印度外交预算为 17.8 亿美元,占 GDP(19 470 亿美元)的 0.1128%,军费为 348 亿美元,占 GDP 的 2.8%;巴西外交预算为 10 亿美元,占 GDP(23 620 亿美元)的 0.044%,军费为 281 亿美元,占 GDP 的 1.6%;

---

① CIA, "The World Factbook", https://www.cia.gov/library/publications/the-world-factbook/geos/as.html.

南非外交预算为6亿美元,占GDP(3910亿美元)的0.1535%,军费为37.5亿美元,占GDP的1.3%;土耳其外交预算为8.8亿美元,占GDP(7830亿美元)的0.1124%,军费为156亿美元,占GDP的2.7%;韩国外交预算为17.9亿美元,占GDP(11 510亿美元)的0.09%,军费为243亿美元,占GDP2.9%;澳大利亚外交预算为26亿美元,占GDP(15 420亿美元)的0.17%,军费为198亿美元,占GDP的1.9%;俄罗斯外交预算为6.2亿美元,占GDP(2504亿美元)的0.0248%,军费为526亿美元,占GDP的4.3%。

从比照中不难发现,在这些有世界影响的国家里,中国与俄罗斯、巴西一起垫底,外交预算所占GDP比重极低。俄罗斯现在底气不如从前超级大国时的苏联,尤其对外援助大幅减少,整体国民经济元气大伤,数字难看是可以解释的。巴西与邻国之间没有什么主权争议,至多在争夺联合国安理会常任理事国席位问题上与阿根廷有矛盾,外交预算不大也说得过去。中国有全球数量最多的邻国,包括最复杂的主权争议,有唯一来自发展中世界的安理会常任理事国位置,有新兴大国最显著增加的金融和经贸实力,有全球增长最快的海外利益(包括领事保护任务),有供应中国国际公共产品及获取话语权的强烈需求，有各种国际谈判中承担要角的大量外交任务——给定这些背景和条件，份额甚小、数量有限的外交资源配置，是无论如何说不过去的。

最后再拿印度为例做个对照。中印这两个位居世界人口第一和第二、经济总量分列全球第二和第八的新兴大国，经常被国际国内某些观察家拿来比较。单就外交开支分析，印度人有理由感到高兴。进入21世纪以来，印度外交经费持续上涨。根据印度财政部预算中心报告，2001年，印度外交经费仅为262.5亿卢比，到2015财年已达到1473亿卢比，增长近六倍。这与21世纪以来印度经济的高度增长密不可分。可以看到，同期印度的国防、教育预算也在以更快的速度增长。相对外交经费绝对值的持续上涨，外交经费在财政总预算中的占比在近15年来呈现出波动的状态。在2005年到2012年间出现逐年下降的趋势，从原来的0.76%降至0.56%。之后迅速回升，并在2014—2015年达到近15年来的峰值，达到0.8%。但相对同期国防、教育经费占比情况来说，外交经费在财政预算中占比总体保持平稳状态。这也印证了外交经费大幅上涨与经济总体增长基本保持同步。反观中国外交投入情况，则无法让人乐观：基数不大且增长缓慢，与经济总量的成长不对称，更无法与教育经费和国防经费的快速提升相比。

4. 部门对比

教育和国防是中国国家财政支出中日益受到重视的部分，通过将外交支出同两者加以对比①，可以在一定程度上反映国家财政对不同方面重视程度的差别。

自从中国政府在1993年制定的《中国教育改革与发展纲要》中，首次提出"逐步提高国家财政性教育经费支出（包括各级财政对教育的拨款、城乡教育费附加、企业用于举办中小学的经费、校办产业减免税部分）占国内生产总值的比例，21世纪末达到百分之四，达到发展中国家80年代的平均水平"，自此国家财政性教育经费占国内生产总值的比例情况，作为衡量国家对教育投入的标准被纳入了统计，国家对教育的支持力度不断加强，4%这一目标在2012年首次实现。无论从其已超过两万亿的绝对值，还是18.21%的年均增长速度，足见国家对教育的重视程度。

---

① 参见教育部财务司主编：《中国教育经费统计年鉴2012》，中国统计出版社2013年版，第2页；2012年、2013年数据引自教育部网站，http://www.moe.edu.cn/publicfiles/business/htmlfiles/moe/s3040/201411/178035.html。

与教育经费变化曲线不太一样，国防支出在半个多世纪的时间经历了大的起落过程。建国以来教育经费在全国财政中的比重，明显呈现出上升的趋势。它在建国的头20年有所反复，从1970年开始进入了较快增长的时期，特别是在1981年突破10%以后，教育支出一直保持上升态势。1984年，教育支出第一次超过了国防支出。到2013年，教育支出为21 405.67亿元，占到全国财政支出的15.27%，接近国防支出的三倍。在建国初期由于面临巩固国家政权的需要以及随后发生的朝鲜战争，国防支出一度占到了全国财政支出的很大一部分，在1951年占到了惊人的42.99%。在20世纪60至70年代，国防支出虽然比重有所下降，但依然保持在全国财政开支的18%左右。随着中国转向以经济建设为中心，从20世纪80年代中期开始，中国的国防支出跌至不到全国财政的10%，一直延续到今天，中国的国防支出在全国财政中的比重都呈现下降趋势。在2013年，国防支出仅占全国财政支出的5.29%。但是，由于近年来中国财政支出的绝对值增加很快，使得中国国防支出的总量成长相当可观。例如在2013年，虽然仅占财政支出的5.29%，但中国国防支出的绝对值依然达到了7410.62亿元，使中国成为仅次于美国的全球第二大军费开支的国家。

现在回过头来看外交支出方面的情况。在占据外交支出中最大份额的对外援助支出，呈现出大起大落的态势。在建国初期，对外援助在全国财政中的比重比较稳定，基本维持在1%左右。自60年代起的二十年中，随着"革命外交"占据主导地位，对外援助在全国财政支出的比重也大幅增加。在1971到1973年的三年时间里，每年的对外援助支出都超过了全国教育支出，1973年的对外援助达到55.83亿元，史无前例占到了全国财政支出的6.90%。改革开放以来，对外援助方面支出的绝对值虽然也有所增加，但是其增长速度远落后于全国财政支出的增长速度，导致其在全国财政支出中所占据的比重也越来越小，在2013年仅占全国财政支出的0.12%，与同时期庞大的教育和国防开支相形见绌。从数量上来说，外交支出同国防和教育支出相比，一直存在很大差距：国防支出是7000多亿元的规模，教育支出更在2009年突破了万亿元大关，外交支出则始终是两三百亿人民币的低层级。从三者在全国财政支出中所占的比重就能看出，在2002—2013年中，教育支出平均每年占全国财政支出16.27%，而国防支出占到了6.64%，相较之下，外交支出则仅占这段时期全国财政支出的0.41%。从2002年至2013年，国家对外交的总投入为2751.97亿元,只相当于2013年一年国防支出(7410.62亿元)的三分之一,不及2002年一年的教育支出(超过3000亿元)。从发展趋势上来看,外交支出在全国财政支出中的比重还有下降的趋势,在2002年还占据全国财政支出的0.57%,到了2013年只有0.25%。在外交、国防和教育

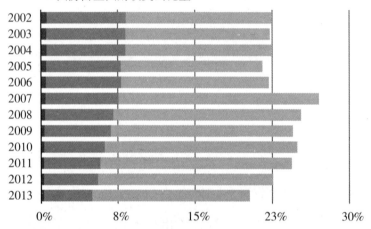

图41 2002—2013年我国外交、国防、教育占全国财政支出的比重

数据来源:2000年至2013年《中国统计年鉴》(中国统计出版社);财政部预算司网站:《2013年全国公共财政支出决算表》;楼继伟主编:《新中国50年财政统计》,经济科学出版社2000年版,第124—127、147—148页;教育部财务司主编:《中国教育经费统计年鉴2012》,中国统计出版社2013年版,第2页;《中国财政年鉴2013》,中国财政杂志社2014年版,第707页;教育部网站:《教育部、国家统计局、财政部关于2013年全国教育经费执行情况统计公告》;财政部预算司网站:《2013年全国公共财政支出决算表》。

同全国财政支出增长的对比中,从增长的速度上来看,在过去十余年中,增长超过同期全国财政支出的是教育支出,年均增长率达到了19.15%。由于中国经济的迅速发展,全国财政支出也保持了较高的增长,在有些年份都超过了20%,年均增长也到了18.31%。随着中国国防现代化的进一步推进,国家财政对国防的支持力度也较大,使得中国的国防支出也保持稳中加快的增长速度,在2006年一度到了20.38%的增长率,年均增长也达到了14.27%。在这些高增长曲线之下,则是中国外交的缓

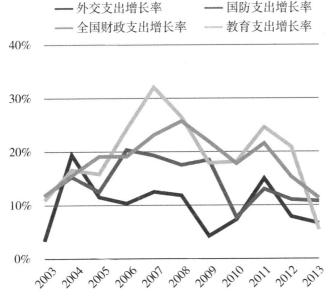

图42 2003—2013年我国外交、国防、教育与全国财政支出增长率

数据来源:同图41。

慢增长曲线,可以说,自 2002 年至今,包含了对外援助的中国外交支出也有一定增长,年均增长率为 9.89%。不过,给定很低的基数,相对于目前的中央政府教育预算和国防预算,国家在外交方面的投入明显偏弱,而且增加预算的前景缺乏法律和制度的支撑。

5. 增长需求

从经费使用实际情况分析,我国外交预算中直接用于部门本身管理事务的比重很小(占外交预算的 2% 左右,即 342 亿元人民币外交开支里面,仅有不到 6 亿元用于部门自身管理的费用),大部分预算包括近几年新增的开支,主要是用于驻外机构建设(使领馆馆舍的更新及人员编制扩大、海外中国文化中心建设等,约 65 亿元),缴纳国际组织的会费或专项费用(如不断提高的联合国会费与维和经费摊款,2012 年为 50 多亿元),以及对外援助数额的增加(这部分最重要增长也最快,例如 2012 年比上一年增长 20% 以上,2012 年为 192 亿元)。对于增加外交支出这个问题,公众和领导人不必过于顾虑,担心增加的经费会变成外交部门"自肥"的蛋糕,或变成国民的沉重负担。实际上,一年外援所占中央政府年度总体预算的比重不到 0.3%(2012 年政府总预算为64 000亿元人民币，外援数额为190亿元），相对"文化大革命"时期（如20世纪70年代初）外援一度高达国家预算支出7%的局面，完全不是一个性质。我认为，从各方面情况评估，未来五到十年外交经费在国内生产总值中的比例，应当从目前的0.06%左右，逐步提高到0.12%到0.15%的水平。这样才与中国新兴大国的地位相称，才有助于我们的外交人和国际战略家有较为充裕的资源去积极作为，才能在外交资源差不多的前提下与其他大国的外交展开竞争较量。

需要仔细研究的是，如果得到高层首肯和公众支持，全国人大批准增加外交预算，那么新增的部分如何使用，怎样参照国际上的做法增强外交手段与标杆，实现外交能力的提升？这里首要的一项工作是，由外交部办公厅牵头，组织专家学者、研究人员，根据统一部署，对世界各国的外交经费使用情况进行一项综合全面的调研，在比较中发现新的增长点和设置区域，或者增强原有部分中的缺失和不足。

让我列举五个方面的需求，说明外交支出增长后经费可能的用途：

● 新增的外交经费，首先要满足中国的全球利益尤其是领事方面的人手需求。现在中国外交方面的人手严重短缺,大大制约了我们的行动能力。根据我的统计,中国外交官实际数目约为9000人,与德国(6750人)、日本(5753人)、印度(6398人)、法国(6004人)大体相同,澳大利亚和韩国分别为3329人和2577人,美国和俄罗斯外交人员分别约有15 000和12 000人,无论怎么衡量,中国都算是世界大国中外交官配备最少的国家之一。所以,增加这方面的人员培养,是中央政府和整个社会要重视的一个预算投入方向。比如,应当考虑在现有的外交学院之外,建立若干个大专性质的外事职业学院,像一般部属院校那样同时受教育部和专业部委(外交部)指导管理。这类院校与外交学院的培养目标(高级外交官)要有分工和区别,可以缩短学制(一到三年),主要用于培训领事工作急需的各种中初级人才;课程设置上更多以外事公文、领事业务、各类语种、世界各国风习与法律知识等内容为主。地点可考虑放在对外交往密切、财政条件充裕的沿海发达省份。办学经费主要来自国家新增的外交预算,也可以自筹(来自地方政府和社会各界)。在全面深化改革的国内大背景下，不妨胆子更大一些、步伐更快一些，可以考虑社会办学、企业办学、地方政府办学和国外华人华侨参与办学的各种新思路、新途径，总的目标是尽快弥补外事队伍的短板，源源不断地供应更多实用的对外交往人才特别是基层领事干部。谈到干部培养和"旋转门"机制，前面的章节曾探讨过外交部与国内重点大学研究所合作、建立驻校外交官和学者赴使馆工作机制的可能性，我想，这也应当是新增外交经费的用途之一，即加大在职干部的进修培训力度，扩大学界、研究界参与了解外交实务的机会。至少我从北大国际关系学院的角度观察，如果外交部门有此专项费用，我们学院完全可以每年接收3—5位外交官作为访问学者（近年来已有多名韩国、美国、日本的高级外交官来我院做访问学者，访问时间从半年到两年不等），也非常乐意挑选和派遣年轻教员甚至优秀博士生到使馆研究室和外交部对口的司局工作一段时间，增长这些年轻人的才干，让他们的课程和课题更加"接地气"。事实上，非洲司、军控司的有关领导已经表达了这方面的接收意向，主要缺乏的是专门的经费开支。

● 与此相关，另一项重点投入，是在世界各地增设使馆领馆。中国现有的问题是，现有涉外机构或部委涉外开支不少，如中联部的党际交流经费、商务部的援外经费（是外事经费中最大的组成部分）、农业部的农业专家海外示范项目开支、团中央的青年志愿者海外服务项目、军队和公安部门的维和基地维系及人员培养等，但彼此间的沟通协调配合不够，缺乏协同效应；另一方面，外交部门本身经费有限，无法设置更多的外交斡旋手段，无法承诺更多的国际义务，无法直接实施更多的战略外援，尤其一线的使馆领馆只有微薄的机动性费用，无法及时有效对当事国发生的事态做出介入性反应。因此，在未来增长的外交经费中，应当有相当大一部分是弥补这方面的不足，即一方面在国内发展相应的协调机构与专门费用，另一方面设置更多的领事机构、代办处等海外利益保护的专门机构，以及为换取对方国向我提供的领事事务援助而发生的相关经费、物质援助和基础设施建设。讲到使领馆数量，不妨与其他金砖国家作个比较：中国目前有近170个驻外使馆、90多个总领事馆;俄罗斯驻外代表机构(包括使馆、领馆、代表处)有252个;巴西驻外使馆共计139个,领事馆72个;南非对外派出了126个外交使团,分布在全球109个国家;印度驻外机构在近10年间持续增长,从2000年157个使领馆增加到目前的183个。与这些金砖国家相比,我们的使馆数量实在有必要扩展。考虑到总体的人口规模、出国各类人员增长的速度、"一带一路"这类大项目所要求的外交服务等要素,我个人以为,未来几年中国应当增加30至50个使领馆,且每个使领馆都应有更大规模和更好设施。

● 借鉴他国经验,增设有特色的项目与优先资助的领域。一些发达国家的外交预算,除常规行政开支和人头经费(工资、补贴、高危区域津贴等)之外,还有许多承担大国特有责任、发挥国际影响与谋求特殊利益的部分。例如,美国国务院(负责对外关系)的开支里,分设了两大类:一类是"行政性外交管理支出",包括"民用项目提升"(如美国"和平队"和某些官方背景基金会的后援),"美国国际开发署的建设"（侧重经济领域的对外援助及其能力建设），"人员、设备与信息"（包括某些专用采购与人员培训等事项）；另一类是"对外援助"大项，包含对所谓"前线国家"（伊拉克、巴基斯坦、阿富汗等）的特殊援助、"预防冲突与经济安全""支持盟友与伙伴对我国安全的作用"（例如对以色列、埃及等国的年度性大量军援与民用项目援助）、"帮助发展中国家应对全球性挑战"（这是一项较灵活、有弹性的范畴，可涉及有关气候变化、贸易谈判、军控与防扩散等方面的重大需求与专项支出）。法国的对外援助开支，还包括"法国在欧洲和世界的行动""国际文化交流""保护在外公民与领事事务""G20、G8筹办费用"等事项。德国外交部总预算也很有特点，包括了"常规拨款""驻外机构运行""外交部运行""公务人员开支"和

图43 斯德哥尔摩国际和平研究所（SIPRI）

来源：斯德哥尔摩国际和平研究所网站（http://anniversary.sipri.org/sipri-building.jpg）

"德国考古机构"等主要类型。瑞典外交部每年给斯德哥尔摩国际和平研究所（SIPRI）资助370万美元，让这个全球最知名的国际安全与军控研究所研究出版被广泛征引的《SIPRI年度报告》。英国外交部每年单是资助BBC国际频道的经费，就高达4亿美元左右（2011年3.7亿，2012年4.2亿，2013年3.9亿）。就金砖国家而言，譬如说：南非外交部有"非洲复兴专项基金"，在非洲维和与次区域治理方面投入甚多；巴西外交部门把越来越多的精力与经费用于推动建立金砖国家合作机制，尤其是将"金砖国家"概念转换为各成员国的外交实务，形成了定期的外长乃至首脑会议机制；印度外援的重点传统上是南亚周边区域，近年加大了对非洲方向的投入，特别是集中在人力资源培训、能力建设、远程建设、远程诊疗技术等有印度特色的软实力领域与问题上；俄罗斯虽然近年经济衰退、遭遇外部制裁因而财力大为下降，但这个老牌国际角色始终重视援外的战略价值，在独联体和处理国际与地点热点威胁问题的外交与军事投入仍不遗余力。因国情与历史不同，上述各国的数字与情况并不一定适用于中国，但至少可以给我们一些启示。像前面指出过的那样，我们的外交部门和政治高层应花更多时间规划设计战略投入，外交部与教育部合作推广的中非"20+20计划"，或"10+10"智库合作项目，或海外撤侨专项基金，诸如此类，把中国的经贸与财政外汇实力的一部分有效转化为外交杠杆与安全手段。就目前热议的"一带一路"规划而言，仅仅在发改委、外交部和商务部的牵头协调是不够的，须让它逐渐变成制度化、常设性的外交单元。

● 还有一项开销在未来肯定大幅增加，那就是中国向联合国等国际组织缴纳的会费以及联合国维和行动的摊款。以维和行动为例：1990年4月中国向中东停战监督组织派遣5名军事观察员，标志着中国军队首次参加联合国维和行动；25年来，中国参与联合国维和行动实现了派遣维和人员从无到有、兵力规模从小到大、部队类型从单一到多样的历史性跨越。迄今中国已参加联合国24项维和行动，累计派出维和官兵3万余人，其中包括2名少将级维和部队司令，有10名中国维和官兵在执行任务中牺牲。目前有2700余名中国官兵正在刚果（金）、利比里亚、黎巴嫩、南苏丹等9个任务区为和平值守。这一维和兵力在联合国安理会常任理事国中居首位。中国派出的维和兵力涵盖步兵、工兵、警卫、运输、医疗、军事观察员和参谋军官等多种类型，人员来自沈阳、北京、兰州、济南、成都等军区。到2015年年底，中国维和兵力规模将达3100人左右，还将第一次向联合国达尔富尔特派团派遣维和直升机分队。中国是121个维和出兵国中派出保障分队最多的国家。中国承担的维和摊款居联合国成员国第六位，在发展中国家中居首位。中国维和人员在修路架桥、排雷除爆、运送物资、接诊病人等任务中表现卓越，受到联合国和当地民众的高度评价。目前中国人均国内生产总值在7600美元左右。按照联合国的规定，这个数字一旦超过8000美元，缴纳的比例将大幅提高。从全球范围观察，维和经费的需求也在不断增长，未来几年中国这方面费用可能超过德国和日本，成为仅次于美国的第二大户。

● 增设更多的司局、特使和全球性代表。新世纪以来的十余年间，中国外交部门派遣和设置了多个大使级别的特使、特别代表和专务办，

图44　中国第十一批赴黎巴嫩维和工兵营出征大会
（2013年3月）

来源：中新网（http：//www.chinanews.com/tp/hd2011/
2013/03-15/184683.shtml）

总数已有十几个，如中国政府朝鲜半岛事务特别代表、非洲事务特别代表、亚洲事务特使、中东问题特使、外交部阿富汗事务特使等。未来十到二十年间，我们完全有理由预测这一数目将达到三十至四十个，更好维护中国的全球利益、更多承担中国的全球责任。比如，随着中国在南极的科学考察站数目的不断增长，随着中国申请北极观察员进程的加快，中国在南极的角色会日益加重，中国与北极圈国家的外交互动将更加复杂，很可能五到十年内中国外交部需要设置极地司。中国目前已是公认的宇宙开发大国，尤其是在航天民用和军事领域与美国、俄罗斯名列世界前三位，未来中国外交部可能需要将条法司和国际司的部分功能分离出来，加上新的业务与专项，向着外空司单独设置的方向过渡。中国是全球外汇储备最多的国家，也是国际金融领域举足轻重的新兴大国，不管是传统国际机构如世界银行、国际货币基金组织等话语权方面的再分配改革，还是如亚投行、丝路基金这类中国牵头的国际金融组织的成长，都需要外交部的直接介入，需要外交与金融的联手，需要外交机构改革议程上考虑建立专门的金融外交人财物制度安排。全球互联网的飞速发展，网络安全问题的严峻化，都要求高层认真考量在外交部司局层次里，继国际经济司之后，建设发展更加专门化的信息网络司局之类单元。近几年从利比亚撤侨到也门撤侨的重大事件，揭示中国海外领带保护这方面业务不断增长的前景，也令既有的领事中心、领事司机构不堪重负，提醒有关方面思考分解职能、增加人手与机构、设置部际联席新机制的可能性。20年前中国外交部没有军控司，那时中国不过是国际安全与军费开支系列里无足轻重的角色，由此联想，全球气候变化对中国加大的压力与改革动力，很有可能今后几年让中国外交部门跟发改委气候司一样感同身受地迫切需要专门的人才与机构处理气候外交事务。在人文和教育合作、农业与制造业品质提升、地方政府间交流合作等领域和专题方面，都有可能涉及外交博弈，要求部门、特使与驻外代表处。这就要求外交部有专门的预算，有合适的人才，有评估的指标，有常设的机构，而且它们应当有别于传统的各部委外事局的工作，正如外交部军控司有别于军方自己的相关部门、外交部边界海洋司的工作有别于国家海洋局一样，前者既要与后者沟通协调，也要在外交总体的思路、国家利益观与对外战略安排下开展工作。总而言之，通过这些专项、特使及司局的不断设置，外交部将逐步更新完善自身，提高国际国内的地位与影响，适应成长崛起的中国对外关系的新需求。这里我马上想到美国的事例：第二次世界大战刚结束时，美国国务院管辖的职业外交人员仅600多人，完全不能适应美国的全球利益与地位；经过半个世纪的扩展，特别是进行有意识的政府规划并得到国会批准，现已达到15 000人左右的全球最大规模，与这个超级大国的全球需求更加对应。我们同样有理由相信，经过统筹规划和若干年的努力，在各种特使和专项安排逐步完备化的基础上，中国外交人员由现在的9000多人逐步增加到12 000人至15 000人的规模，外交经费在国家预算支出中的比重（现在是0.6%左右）达到重要国家的平均水平（1%以上）。

以上五个方面作为事例，提示了未来外交部门新增涉外经费使用的方向。应当增加的外交开支还有不少，需要早些布置调研和分类规划，避免临到关口匆忙反应，造成决策层的措手不及和媒体、公众的不理解。就外交部门本身而言，不能单纯指望自上而下的照顾，而要通过自身努力，增进公众对于外交的理解，改善外交在国人心目中的形象，为提高政治地位、增加投入创造条件。例如，可以学习借鉴军队这些年来的一个成功经验，即：大力向社会和媒体介绍军费增长的目标及具体使用（有多少用于官兵的补偿性待遇改善，有多少用于新的武器装备的研制，我军官兵为国际和平做了哪些贡献，为维护国家安全做出哪些牺牲，官兵现在的待遇与国际上多数国家相比仍有哪些差距等），从而使公众和政治高层对于军费的持续增长有一种预期，在法律层面获得更好的保障。就我国外交的未来发展而言，同样可以通过多种渠道，向社会发出类似的信息，比如：大国、中等国家和微型国家各自的外交人员配备是什么情况，各国外交经费占国家财政和GDP的比重平均水平是多少，中国的相关数字及比例是多少，中国外交人员在低于全球外交官平均待遇水平及资源配置的条件下做出了哪些贡献、存在哪些急需弥补的地方，等等。对于外交决策部门来说，要为新时期的中国大国外交争取应有的地位与资金投入，在比较研究各国情况基础上，制订周密的计划并通过持续的推动，使外交投入达到更加合理的水平。大国外交能力的建设问题，是一项重要而长期的任务。

后 记

后记

结束文稿之际，该写点感谢的话——

首先感谢北京大学出版社以及耿协峰、张盈盈等编辑朋友，没有他们的尽责与鼓励，我不可能使稿件里的各种疏漏得到纠正，更不会将最初的想法变成现在的"创造性介入"系列。

其次要向我的一些学生致谢，其姓名书内已提及。这些同学不仅用心读书，而且认真完成了任务，他们收集整理的重要数据，支持了有关外交投入的论点。特别是曾一同学，还精心校对了书稿，配上了插图。

最后想说的话，是给我的母亲。几十年间，她一直是儿子著述的细心评阅者，这次当然不例外。笔者早已为人父，还有慈母爱，每每思之，何其幸焉。

2015年5月4日记于北大朗润园宿舍